Faut qu'elle aime bien le bruit de la sonnette... elle est toujours pendue après.
*On sonne encore., il sort en courant. A ce moment
paraît à la grille Ernest blessé au bras et soutenu
par Lebrun qui tient encore son fleuret.*

SCENE IX.
ERNEST, LEBRUN*.

LEBRUN. Appuyez-vous sur moi.

ERNEST. Vaincu... vaincu... Oh! il fallait me tuer, monsieur.

LEBRUN. Souffrez-vous beaucoup?

ERNEST. Cette blessure n'est rien.

LEBRUN. Pardonnez-moi, les fleurets démouchetés sont de détestables armes; je vous ai déchiré le bras comme je l'aurais pu faire avec une balle. (*Il jette à terre le fleuret qu'il tenait à la main.*) Il faut arrêter ce sang qui coule toujours. Permettez.

Il tire son mouchoir et bande la blessure d'Ernest.

ERNEST. Ah! monsieur, épargnez-moi vos soins... Songez qu'aussitôt que la force me sera revenue, je vous demanderai une revanche...

LEBRUN. Que je vous refuserai, peut-être.

ERNEST. Comment! monsieur.

LEBRUN. Tout-à-l'heure vous étiez hors d'état d'entendre le langage de la raison. Vous élançant sur moi comme un furieux, vous me demandez si je suis J. Lebrun, et si je prétends en effet à la main de Mlle Devarennes. J'avais à peine répondu affirmativement à ces deux questions, qu'il m'a fallu prendre une des épées que vous agitiez devant moi... J'hésitais encore, mais l'injure succédant à la provocation, j'ai dû croiser le fer, dans la seule intention de vous désarmer, je vous le jure; vous vous êtes alors précipité vous-même sur la pointe de mon fleuret, et l'épuisement de vos forces a mis fin au combat. Maintenant, monsieur, que pouvez-vous encore exiger de moi? Le hasard m'a fait votre rival, mon arrivée dérange et contrarie vos projets; je ne puis cependant pas me battre et vous blesser tous les jours.

ERNEST. Je sais, monsieur, que votre main est plus forte et plus habile que la mienne, et pourtant nous nous battrons encore, monsieur; nous nous battrons jusqu'à ce que vous m'ayez tué. Vous m'avez déclaré persister dans vos prétentions à la main de Mlle Devarennes: dès ce moment nous sommes devenus ennemis, ennemis implacables.

LEBRUN. Monsieur, désirez-vous que j'appelle?.. le repos vous serait nécessaire.

* Lebrun, Ernest.

ERNEST. Non, monsieur, il faut que ce combat soit un mystère pour tous... Mon père m'attend, et j'aurai assez de force, je pense, pour guider mon cheval. Nous nous reverrons, monsieur.

LEBRUN. Sans doute... nous nous reverrons... mais je ne l'entends pas comme vous... J'irai demain m'informer de l'état de votre blessure.

ERNEST. Songez bien, monsieur, qu'aussitôt que je le pourrai, nous recommencerons.

LEBRUN, *souriant.* J'ai donc un double intérêt à suivre les progrès de votre guérison.

ERNEST. A demain, monsieur.

LEBRUN. Pardon... nous nous sommes querellés, battus, je vous ai blessé..... et vous avez tellement précipité tout cela, que je n'ai pas eu le temps de vous demander votre nom.

ERNEST. Mon nom... vous le connaissez, monsieur, car vous semblez être né pour la ruine et le malheur de ma famille. Mon nom... le voilà.

Il lui jette une carte et sort.

SCENE X.
LEBRUN, *seul, regardant partir Ernest.*

Pauvre jeune homme! je l'aurais tué si j'avais voulu... mais il y aurait eu conscience, en vérité. Il se battait avec un abandon, une maladresse.. (*Lisant la carte.*) Ernest Lemire... Lemire... ce nom... est celui d'un de mes créanciers..... oui, le général Lemire, son père, sans doute, m'avait confié cinquante mille francs, son unique fortune... Hum, cette rencontre pourra bien me nuire dans l'esprit de la famille Devarennes. Il y aurait un moyen de faire tourner cet incident à mon avantage, cela me coûterait quelques billets de mille francs, mais cette action, vraiment exemplaire, ferait du bruit dans la province, préviendrait en ma faveur auprès de M. Devarennes, et désarmerait enfin mon rival, qu'ainsi je ne serais pas obligé de tuer. Oui... oui, c'est cela, écrivons à ce jeune homme. (*Il se place sur une chaise de jardin, et écrit au crayon.*) « Monsieur, si vous m'aviez
» appris votre nom en même temps que
» notre rivalité, le duel où je vous ai blessé
» n'aurait pas eu lieu si tôt; je me serais
» d'abord acquitté envers vous d'une dette
» sacrée, et comme dans une heure, dans
» quelques minutes, peut-être, je vais me
» trouver en présence d'un adversaire
» plus dangereux que vous... je...» (*Tout*

en écrivant.) Quel accueil mon ancien camarade va-t-il me faire?.. « A monsieur Ernest Lemire. »

Ici Arthur paraît au fond; il est pâle, agité, et semble épuisé par une longue course.

SCENE XI.

LEBRUN, *assis,* ARTHUR, *appuyé sur la grille au fond*.*

ARTHUR. Parti... Il était parti!..

LEBRUN. Voilà qui est fait.

ARTHUR, *l'apercevant.* Ah! le voilà.....
(*Avec joie.*) Le voilà!

LEBRUN, *se retournant.* N'ai-je pas entendu... Arthur!

           Il referme son portefeuille.

ARTHUR, *le regardant.* Tu es seul?

LEBRUN. Seul.

ARTHUR. Tu n'as rencontré ici...

LEBRUN. Personne encore.

ARTHUR, *à part.* Ah! je respire. (*Regardant autour de lui.*) Je viens de ton hôtel.

LEBRUN, *raillant.* Tu étais donc bien impatient de me revoir? après cinq années de séparation, cet empressement me touche... vrai.(*Il lui tend la main, mais Arthur ne la prend pas. Moment de silence.— Froidement.*) Tu as reçu ma lettre?

ARTHUR. Oui.

LEBRUN. Et quand me présentes-tu à ton père?

ARTHUR. Jamais!

LEBRUN. Arthur!

ARTHUR. Epargne-moi la honte de t'entendre me rappeler le passé; ni mon crime ni le serment que je t'ai fait ne se sont effacés de ma mémoire... mais mon crime... je l'ai racheté.... mais mon serment?..

LEBRUN. Tu ne le rachèteras pas.

ARTHUR. Écoutez, Lebrun... ce qui me reste de la fortune de ma mère... ma part à venir dans la fortune de mon père, je vous offre et je vous abandonne tout... entendez-vous bien?.. tout!..

LEBRUN. Tu oublies, Arthur, que je suis riche, et que l'or ne peut plus me tenter... tu m'as dit autrefois : Pour prix de ton silence, je t'accorderai tout ce que tu me demanderas... Eh bien! j'ai gardé religieusement ton secret et je te demande ta sœur... j'ai tenu ma parole... et tu tiendras la tienne.

ARTHUR, *le regardant en face.* Et si je suis parjure?

LEBRUN. Alors je m'adresserai directement à M. Devarennes, je lui dirai : Dépositaire de l'honneur de votre famille, j'ai

     * Lebrun, Arthur.

conservé intact ce dépôt sacré... le service immense que je vous ai rendu veut être payé d'un prix égal ;à celui qui a sauvé l'honneur de votre fils, le vôtre, vous ne me devez pas moins que le titre de votre gendre.

ARTHUR. Oh! mais cette affreuse révélation, tu ne la feras pas, Lebrun... tu sais trop bien ce qui m'a fait ton complice.... Avide de plaisirs et loin de la surveillance paternelle, j'avais semé l'or autour de moi... n'osant m'adresser à M. Devarennes, dont la sévérité m'épouvantait, j'eus recours à des emprunts, puis au jeu... mais des pertes considérables vinrent aggraver ma position... poursuivi, à la veille d'être arrêté, traîné en prison, j'allais me donner la mort, quand tu vins m'offrir tes funestes conseils... ma tête était perdue... je me livrai à toi... et ma main tremblante que soutenait la tienne... signa du nom d'un autre des lettres de change... Quand la raison me revint, tu sais quel fut mon désespoir, tu sais qu'au prix de tout mon sang j'aurais voulu racheter l'œuvre d'infamie accomplie la veille... ma mère, ma pauvre mère me sauva de la flétrissure.... avant qu'on eût découvert que les valeurs mises en circulation par nous étaient fausses, je reçus une lettre de M. Devarennes qui m'annonçait que ma mère venait de s'éteindre dans ses bras. Cette lettre aussi m'apprenait qu'il était prêt à me rendre compte de la fortune qu'elle laissait à ses enfans... cette fortune, je l'employai presque entièrement à effacer les traces de notre crime... par mon ordre tu rachetas toutes les fausses lettres de change... Quant au secret que tu m'as gardé, j'offre encore de te le payer de ma fortune, de mon sang, de ma vie... mais le payer du bonheur de Marie, de l'honneur de mon père... oh! non... c'est impossible, et tu n'exigeras pas de moi ce que je ne puis te donner... Lebrun, tu auras pitié de moi... vois, je suis à tes pieds... je prie... je pleure... oh! tu ne parleras pas, Lebrun... tu ne parleras pas...

LEBRUN, *froidement.* Je parlerai.

ARTHUR, *se relevant avec force.* Tu ne parléras pas!

LEBRUN. Oh! j'avais prévu tout cela... la prière d'abord, la menace, puis enfin la provocation.. Mais il serait trop commode, en vérité, de s'acquitter avec un coup d'épée.

ARTHUR. Tu te battras cependant.

LEBRUN. Alors je choisirai le lieu et les armes... quant aux armes, je les ai là dans mon portefeuille... ces armes-là ne tuent pas, Arthur, elles flétrissent.

ARTHUR. Infâme !

LEBRUN. Je pars.

ARTHUR. Où vas-tu ?

La nuit commence à venir.

LEBRUN. A Amiens...

ARTHUR. Malheureux ! veux-tu donc tuer mon père ?

LEBRUN. Pourquoi donc aurais-je aujourd'hui pour votre père la pitié que vous n'avez pas eue vous-même ?

ARTHUR. Lebrun... tu as fait de moi déjà un grand coupable... veux-tu donc maintenant en faire un assassin ?

LEBRUN, *froidement.* Monsieur Devarennes, vous avez fait il y a cinq ans trop bon marché de votre honneur pour le racheter si cher aujourd'hui... Je vous ai dit quelles seraient mes armes.... voici maintenant le lieu du combat... A l'hôtel Devarennes.

Il sort. La nuit est venue.

SCÈNE XII.
ARTHUR, seul.

-Il part... oh ! mais il n'arrivera pas jusqu'à mon père... Et pas une arme... Ah ! (*Il aperçoit à terre les fleurets qu'Ernest et Lebrun y ont laissés.*) Ces épées... oh ! il se battra maintenant... oh ! oui, il se battra.

Il sort en courant.

SCÈNE XIII.
DUPONT, Mᵐᵉ GENUT, UN DOMESTIQUE*.

Mᵐᵉ GENUT. Allons, mon frère, le cabriolet est revenu, il nous attend.

DUPONT. Et vous croyez que je ne peux pas me dispenser...?

Mᵐᵉ GENUT. D'aller à la soirée de M. Devarennes, ce serait de la plus grande inconvenance.

DUPONT. Arriver à la campagne tout juste pour un bal... c'est avoir du malheur.... Enfin, puisqu'il le faut, je vais prendre dans ma valise l'habit et le pantalon collant... on commence à n'y plus voir... heureusement que je sais où j'ai placé... (*Au moment où il va entrer dans le pavillon, un coup de feu se fait entendre.*) Qu'est-ce que c'est que ça ? (*Cris au dehors.*) Au secours !.. au secours !...

LE DOMESTIQUE. C'est près de la maison.

Mᵐᵉ GENUT. On assassine quelqu'un.... courons, mes amis...Vous aussi, mon frère, venez.

Elle l'entraîne.

* Dupont, Mᵐᵉ Genut, domestiques au fond.

SCÈNE XIV.
ARTHUR.

A peine Mᵐᵉ Genut et M. Dupont sont-ils sortis, que par la fenêtre du pavillon qui est restée ouverte on aperçoit Arthur; il est dans le plus grand désordre, et peut à peine se soutenir.

Ils ne m'ont pas vu... la porte de ce pavillon laissée ouverte m'a permis de leur échapper... Il refusait de se battre... il me bravait encore... et moi, dans mon désespoir, dans ma rage... je l'ai frappé, frappé au cœur... Du monde !.. ah ! fuyons.... fuyons... (*Se traînant à la grille.*) Je ne me trompe pas... c'est lui qu'on transporte en ces lieux.

Il rentre dans le pavillon. Paraissent alors Dupont, sa sœur, et les domestiques portant Lebrun évanoui.

SCÈNE XV.
Mᵐᵉ GENUT, DUPONT, LEBRUN, ARTHUR, DOMESTIQUES *.

Mᵐᵉ GENUT. Je vous assure qu'il respire encore.

ARTHUR, *à la fenêtre du pavillon.* Grand Dieu !

DUPONT. Il ne faut pas en approcher avant qu'on ait prévenu le commissaire de police.

Mᵐᵉ GENUT. Il faut le secourir d'abord...

ARTHUR. Cette porte assure ma retraite, écoutons...

Mᵐᵉ GENUT. Il ouvre les yeux... il va parler...

ARTHUR. S'il me nomme, je n'ai plus qu'à mourir...

TOUS. Écoutons.

Lebrun porte la main à la poche de son habit.

Mᵐᵉ GENUT. On dirait qu'il cherche quelque chose.

LEBRUN. Mon portefeuille... mon portefeuille...

DUPONT. On le lui aura volé... le pays n'est pas sûr.

Mᵐᵉ GENUT. C'est pour avoir son portefeuille qu'on l'aura assassiné.

LEBRUN. Oui... assassiné... mais j'ai blessé mon meurtrier.

ARTHUR, *portant la main à sa poitrine.* Blessé... oui... là... là...

Mᵐᵉ GENUT. Le nom... le nom du scélérat ?

LEBRUN. Son nom ?

ARTHUR. Prenez pitié de moi.... mon Dieu !

LEBRUN, *dont la vie s'éteint.* C'est.... c'est...

Il retombe.

LE DOMESTIQUE. Il est mort !

* Arthur dans le pavillon, Dupont, Mᵐᵉ Genut, Lebrun, les domestiques l'entourent.

DUPONT. Ce pauvre homme... (*Bas.*) Ma sœur, si nous nous en allions?

Mᵐᵉ GENUT. Oui.... il faut courir à Amiens prévenir tout le monde, M. Devarennes, les autorités, la police... venez-vous, mon frère?

On relèveLebrun,qu'on va transporter dans la maison.

DUPONT. Allez toujours... je vais prendre mon habit.

Il entre vivement dans le pavillon où Arthur était encore. Un cri de Dupont se fait entendre, on court à lui, puis la toile tombe.

Rideau

ACTE SECOND.

Un petit salon de l'hôtel Devarennes. Ce salon n'est pas éclairé. Au fond, une porte à deux battans, ouvrant sur le grand salon. À droite et à gauche, portes latérales.

SCENE PREMIERE.

ARTHUR, *refermant précipitamment la porte sur lui, après avoir fouillé du regard le petit salon.*

Au lever du rideau, toutes les portes du petit salon sont fermées; l'obscurité est complète. La porte latérale de droite s'ouvre vivement, Arthur paraît, il est enveloppé du manteau qu'il portait à la fin du premier acte. Il est plus en désordre encore et semble entièrement épuisé.

Personne. (*Il entre et court s'appuyer sur un fauteuil.*) Arrêtons-nous un moment. Ce corridor (*montrant la porte de gauche*) me conduira chez moi maintenant quand je le voudrai. Tâchons de reprendre quelque force. J'ai cru que je ne gravirais jamais cet escalier. Les domestiques, occupés tous à éclairer le grand salon, ne m'ont pas vu. On pourra me croire rentré depuis long-temps. (*Il tombe sur le fauteuil, et porte la main à sa poitrine.*) Cette plaie saigne toujours, et le mouvement précipité de mon cheval était une affreuse torture. Pourtant, dût cette souffrance s'accroître encore, j'étoufferai dans mon sein un cri de douleur et d'angoisse. Lebrun n'a-t-il pas dit qu'il avait blessé son meurtrier? Si le coup que j'ai reçu est mortel, j'emporterai du moins mon secret dans la tombe. Mon secret! m'appartient-il encore? Un homme ne m'a-t-il pas surpris dans le pavillon, au moment où je fuyais? Malgré son épouvante, malgré la nuit obscure, cet homme m'a reconnu peut-être... ou s'il doute encore, ses souvenirs vont se réveiller tout-à-l'heure, car il doit venir à cette soirée à laquelle il me faudra me traîner à tout prix... et se trouvant en face de moi, voyant mon trouble et ma pâleur, il va s'écrier devant tous: Le voilà, c'est lui, c'est l'assassin. Mon Dieu! pouvais-je donc ne pas faire ce que j'ai fait? Pouvais-je jeter ma sœur innocente et pure aux bras de l'infâme? Pouvais-je livrer à la honte mon père, mon vieux père, qui serait mort en me maudissant? Oh! non, non, c'était impossible... Cette menace terrible que Lebrun suspendait sur

ma tête, qui faisait toute sa force... ce portefeuille qui renfermait mon déshonneur et celui des miens, je le lui ai arraché avec la vie. En vain, il a tenté de le défendre; en vain, il a fait feu sur moi; en vain, sa balle m'a déchiré la poitrine... je ne sentais plus rien... que ce portefeuille dans mes mains... Ce portefeuille, il est là...là, sur ma blessure !.. Oh! mon Dieu! (*Il se tâte.*) Je ne l'ai plus... Il aura glissé sous mon manteau... il sera tombé sur la route.... Oh! j'aurai donc commis un crime inutile !.. courons. (*Il essaie de se lever et retombe.*) Malheureux! j'ai laissé fuir l'énergie qui me soutenait, et la douleur est à présent plus forte que moi; elle m'enchaîne... elle me cloue à cette place. Que je souffre, mon Dieu! (*On entend parler dans le salon.*) On parle dans le grand salon.... ces portes vont s'ouvrir... (*Il fait de nouveaux efforts.*) Je suis perdu si je reste ici. (*La voix de M. Devarennes.*) La voix de mon père! (*Il se lève comme si une force nouvelle lui était venue.*) Impossible à présent de sortir de l'hôtel, impossible de ne pas paraître à cette soirée... Oh! ma tête se perd... On vient... c'est M. Devarennes sans doute... oh! mon courage, mon courage, ne m'abandonne pas!

Il se traîne jusqu'à la porte de gauche, et disparaît au moment où les deux battans de la porte du fond s'ouvrent et laissent apercevoir le grand salon éclairé par des lustres et des candélabres.

SCENE II.

DEVARENNES, MARIE, VALETS[*].

DEVARENNES, *aux valets.* Placez dans le grand salon les fleurs qu'on vient d'apporter.

MARIE. Pardon, pardon, mon père, puisque c'est moi qui vous ménage une surprise, il me semble que ce n'est pas à vous de l'ordonner. Je vous défends de vous occuper de toute autre chose que de mon mariage.

DEVARENNES, *à un valet.* Etienne, il ne s'est encore présenté personne?

[*] Devarennes, Marie.

LE VALET. Non, monsieur, personne.

MARIE. Cela n'est pas étonnant, il est neuf heures à peine.

DEVARENNES. Neuf heures! Dupont et sa sœur devraient être ici depuis long-temps. Qui peut donc les retenir? Étienne, un étranger doit se présenter ici ce soir.

MARIE. Ah!

DEVARENNES. S'il vous dit se nommer J. Lebrun, vous le conduirez à mon cabinet, et vous viendrez aussitôt me prévenir.

LE VALET. Oui, monsieur.

MARIE. J. Lebrun... je ne connais pas ce nom-là. Est-ce donc la visite de cet étranger qui t'attriste depuis tantôt? Oh! j'en suis sûre maintenant, car te voilà soucieux comme dans la voiture. Tu m'avais pourtant promis d'être gai toute la soirée. (Bruit de voiture.) Tiens, voilà M. Dupont et sa sœur... Ah! qu'ont-ils donc aussi?

‱‱‱‱‱‱‱‱‱‱‱‱‱‱‱‱‱‱‱‱‱‱‱

SCÈNE III.

LES MÊMES, Mme GENUT, DUPONT *.

Mme GENUT. Ah! vous voilà, mon cher monsieur... Mais que vois-je?.. on s'occupe ici de fête, de bal... mais vous ne savez donc pas?... Il s'agit bien de cela, bon Dieu! renvoyez vite les musiciens, et faites-moi venir le procureur du roi.

DEVARENNES et MARIE. Le procureur du roi!

DEVARENNES, à Dupont. Que signifie...?

DUPONT. Ma sœur vous dira cela mieux que moi. Je suis fort malade.

Il va prendre un flacon et le vide dans son mouchoir.

DEVARENNES. Enfin, qu'est-il arrivé?

Mme GENUT. Un événement affreux, épouvantable, un crime, un meurtre, un assassinat!

MARIE. Ciel!

DEVARENNES. Un assassinat!

Mme GENUT. Et commis sur la personne de ce jeune homme, de M. J. Lebrun que je vous avais annoncé.

DEVARENNES et MARIE. J. Lebrun!

DEVARENNES. Assassiné! Oh! non, c'est impossible.

Mme GENUT. J'avais pensé d'abord qu'il avait pu succomber dans un duel, mais la victime elle-même a déclaré le contraire; le coupable a été blessé heureusement, et cela doit mettre la justice sur ses traces. (Aux domestiques.) Mais allez donc chercher le procureur du roi, j'ai besoin de lui faire d'importantes révélations.

DUPONT, bas au domestique. Mon ami,

rendez-moi le service de me retenir une place à la diligence de Paris.

LE DOMESTIQUE. Quelle place, monsieur?

DUPONT. Ça m'est égal... le cabriolet, l'impériale... qu'on me mette avec les paquets si l'on veut, mais il faut que je parte aujourd'hui, tout-à-l'heure.

Mme GENUT, au valet. Attendez. (A son frère.) Quel ordre avez-vous donc donné à ce domestique?

DUPONT. Moi, je...

Mme GENUT. Vous....

DUPONT. Je lui ai dit de s'informer en passant si la diligence de Paris était complète.

Mme GENUT. Auriez-vous donc l'intention de partir?

DUPONT. Je n'aime plus la campagne.

Mme GENUT. Partir... Y songez-vous?.. quand le coupable n'est pas encore arrêté, quand le soupçon plane également sur toutes les têtes, voulez-vous donc l'attirer sur la vôtre?

DUPONT. Hein? Comment? (A part.) Elle a raison... Maudit voyage! (Haut.) Étienne, Étienne, je ne pars plus, mon ami, je ne pars plus.

DEVARENNES, à Étienne. Vous m'avez entendu. Priez M. Delporte de passer chez moi, ce soir même; allez.

Mme GENUT. M. Delporte, c'est le procureur du roi, n'est-ce pas? Monsieur, votre conscience vous ordonne de déclarer tout ce que vous savez. Si j'étais à votre place, si comme moi j'avais eu le bonheur de voir l'assassin... il a vu l'assassin.

DEVARENNES. Lui, Dupont!

DUPONT. Je l'ai vu, je l'ai vu... pas précisément.

Mme GENUT. Vous me l'avez dit, et vous le répéterez devant le magistrat.

MARIE. Mais, mon père, que venait donc faire ici ce M. Lebrun?

Mme GENUT. Ce qu'il venait faire...

DEVARENNES, l'interrompant. Madame, c'est à la justice maintenant qu'appartiennent tous ces renseignemens.

Mme GENUT. Vous avez raison, j'attendrai, pour parler, que le procureur du roi m'interroge.

DUPONT, l'imitant. Le procureur du roi... vous en avez plein la bouche.

Mme GENUT. C'est que je connais mieux que vous mes devoirs de citoyenne.

DEVARENNES. Ce malheureux événement nécessite de nouveaux ordres. Voulez-vous bien, madame, que je vous conduise à l'appartement de ma fille?

Mme GENUT. Mille remercîmens. Restez

---

* Marie, Devarennes, Mme Genut, Dupont.

ici, monsieur Dupont, nous allons vous
laisser seul, réfléchissez bien à l'importance de votre déposition, pesez chacune
des paroles que vous aurez à dire.

DUPONT. Mais laissez-moi donc tran-
quille !

Mᵐᵉ GENUT. Ah ! si j'en savais autant
que vous ! (S'apercevant que Devarennes
l'attend.) Ah ! pardon.

DEVARENNES. Venez, madame... et laissez-moi croire encore que Lebrun est tombé sous le coup d'un loyal adversaire, et
non sous le poignard d'un assassin.

MARIE. Oh ! mon père ! voilà un bien
triste jour de fiançailles... cela nous portera malheur.

Mᵐᵉ GENUT, à part. Pauvre enfant ! si
elle savait qui l'on soupçonne !

Ils sortent tous les trois.

SCENE IV.

DUPONT, seul.

Les portes du grand salon se referment. Dupont est
assis.

Le procureur du roi !... Je vais me trouver en face d'un procureur du roi... moi,
Dupont, qui n'ai jamais pu voir sans émotion une écharpe de commissaire de police... Je vais être mêlé dans un procès cri-
minel, obligé de comparaître, de témoi-
gner... et j'ai fait trente-deux lieues pour ça !
(Se levant.) Ma sœur a raison, je ne peux
plus partir... on courrait après moi... on
me ramènerait de brigade en brigade. Le
meilleur moyen de me tirer promptement
d'ici, c'est de dire tout ce que j'ai vu, de
déposer entre les mains de la justice ce que
j'ai. (Se regardant dans la glace.) Oh ! j'ai
bien mauvaise mine... Si ma pâleur allait
me compromettre...

Il se met de l'eau de cologne dans la main, et va s'en
frotter la figure. A ce moment, la porte de gauche,
par laquelle on a vu sortir Arthur, s'ouvre doucement et Arthur paraît. Mais, à la vue de Dupont,
qui lui tourne le dos et ne peut l'apercevoir, Arthur
rentre vivement dans la coulisse, en refermant la
porte et après avoir dit seulement :

ARTHUR. C'est lui !

DUPONT, se retournant. Hein ! Qu'est ce
que c'est ? (Il regarde autour de lui.) Il me
semble toujours qu'on parle... ou qu'on
marche derrière moi..... Voilà pourtant
comme je vais vivre à présent... car enfin,
si le scélérat que j'ai surpris suppose que
je puis le perdre, je suis perdu moi-même ;
pour se défaire d'un témoignage acca-
blant..... il essaiera de se défaire du témoin..... Ça s'est vu..... L'assassin habite
peut-être la ville... le quartier..... il me
guettera... me... je ne mettrai plus le pied

dehors... (Ici on frappe trois coups derrière
la porte de gauche qu'Arthur a refermée sur
lui. — Demi-effrayé.) Ah ! on frappe....
non... je ne suis pas enfermé... je commence à croire que je ne jouis plus de toutes mes facultés... A l'avenir je ne resterai
plus seul... (A ce moment une lettre est
glissée vivement sous la porte.) Une... une
lettre... qu'est ce que ça signifie..... (Il
ramasse la lettre.) Elle n'est pas cachetée...
(Il lit.) « Pour vous. » Je suis seul... quel
mystère ! ça n'est pas rassurant... (Il ouvre la lettre.) C'est écrit au crayon..... et
l'écriture est évidemment contrefaite.....
Lisons : « Si vous m'avez reconnu... » (Parlant en tremblant.) Ah ! ah ! c'est de lui. Je
disais bien qu'il habitait le quartier. (Con-
tinuant.) « Gardez-vous de me trahir, car
» mon regard ne vous quittera plus... J'en-
» tendrai chacune de vos paroles, j'épie-
» rai chacun de vos gestes.... je ne vous
» laisserai pas le temps de prononcer mon
» nom... Brûlez ma lettre... ». Oh ! c'est
fini, ma sœur dira ce qu'elle voudra... le
procureur du roi fera courir après moi, si
ça lui plaît, je pars... à pied... en voiture,
à franc-étrier.... Ah ! mon chapeau... (Il
le prend.) J'ai de l'argent... oui... ma sœur
et ma valise reviendront comme elles
pourront... Ah ! cette lettre... il m'a dit
de la brûler... il n'y a pas de feu... cette
bougie... (Il brûle la lettre.) C'est encore
bien heureux qu'il ait eu l'attention de me
prévenir... Tout est consumé... Sauvons-
nous.

A ce moment la porte du salon s'ouvre, Mᵐᵉ Genut
paraît.

SCENE V.

DUPONT, Mᵐᵉ GENUT *.

Mᵐᵉ GENUT, lui prenant la main. Voilà le
procureur du roi !

DUPONT, cherchant à se débarrasser. Ça
m'est égal.

Mᵐᵉ GENUT. C'est un homme fort aimable... il vient de m'interroger.

DUPONT, même jeu. Grand bien vous
fasse !

Mᵐᵉ GENUT. Et c'est à votre tour, maintenant, de...

DUPONT, avec force. Je n'ai rien à dire.

Mᵐᵉ GENUT. Comment !

DUPONT. Rien à faire ici... et je pars.

Mᵐᵉ GENUT. Où allez-vous ?

DUPONT. Je ne sais pas, le plus loin que
je pourrai.

Mᵐᵉ GENUT. Mais vous êtes fou, mon
frère.

* Mᵐᵉ Genut, Dupont.

DUPONT. On le deviendrait à moins.... Adieu...

Mme GENUT. Je ne souffrirai pas...

DUPONT, *avec colère.* N'essayez pas de me retenir... pour me tirer d'ici je serais capable de tout.

Mme GENUT. Mais, grâce au ciel, d'autres que moi vous empêcheront de vous compromettre.

DUPONT. Hein ? qu'est-ce que vous dites ?..

Mme GENUT. Je dis que le procureur du roi a défendu de laisser sortir qui que ce soit !

DUPONT. Ça n'est pas possible.

Mme GENUT. Tenez, le voilà, demandez-le-lui.

DUPONT, *à part.* Miséricorde !.... pris entre deux feux...

SCENE VI.
LES MÊMES, M. DEVARENNES, LE PROCUREUR DU ROI*.

LE PROCUREUR, *à Devarennes.* Avant que vous me fissiez appeler, monsieur, j'avais été averti par la clameur publique, je m'étais transporté près de la victime, et j'avais recueilli déjà de nombreux renseignemens.

Mme GENUT. Et voici mon frère, monsieur, qui est prêt à vous en fournir de nouveaux.

DUPONT, *bas à sa sœur.* Pour Dieu ! taisez-vous.

Mme GENUT. Monsieur le magistrat, j'implore toute votre indulgence pour mon frère... il est encore sous l'impression de ce funeste événement... Allons, remettez-vous, monsieur Dupont, et parlez.

DUPONT, *à part.* Parler..... le ciel m'en préserve !...

LE PROCUREUR. Pourquoi hésitez-vous, monsieur ?

DEVARENNES, *à Dupont.* Tu as dit tantôt, et ta sœur nous l'a répété, que dans le pavillon du jardin tu avais vu...

Mme GENUT. L'assassin.

DUPONT, *à sa sœur.* Chut !

LE PROCUREUR. Je vous écoute.

DUPONT, *à part.* Je suis sûr qu'il est là, qu'il m'écoute aussi.

LE PROCUREUR. Eh bien ! monsieur ?

DUPONT. Pardon... mille pardons... (*A part.*) Je crois toujours que cette porte va s'ouvrir. (*Haut.*) Monsieur le président...

Mme GENUT, *bas.* Qu'est-ce que vous dites ?..

DUPONT. M'y voilà... D'abord... quand

** Devarennes, le procureur du roi, Mme Genut, Dupont.

je suis entré dans ce pavillon... car j'y suis réellement entré... il faisait nuit... C'est une grande faiblesse chez un homme de mon âge... enfin, la nuit... j'ai peur... et vous savez, monsieur le commissaire, que la peur fait voir des choses...

LE PROCUREUR. Qu'avez-vous vu ?

DUPONT. Rien... monsieur le préfet..... absolument rien, qu'une ombre qui était la mienne, apparemment... Je me suis heurté contre un meuble, j'ai crié..... je suis même tombé ; mais quand on est venu à moi, on m'a trouvé seul... tout-à-fait seul.

Mme GENUT. L'assassin avait eu le temps de fuir.

DUPONT. Ne vous servez donc pas de ces expressions-là.

LE PROCUREUR. Achevez, monsieur.

DUPONT. Oui, monseigneur ; tout-à-l'heure, en réfléchissant de sang-froid à ce que j'avais à vous révéler, je me suis parfaitement démontré que je m'étais effrayé comme un enfant... que je ne savais rien... que je n'avais rien vu, et par conséquent rien à dire... Voilà ma déposition ; je suis prêt à la signer.

Mme GENUT, *bas à Dupont.* Elle n'a pas le sens commun, et ne signifie rien du tout.

DUPONT, *à part.* Je l'espère bien.

LE PROCUREUR. Monsieur, je vous engage à mettre plus de franchise dans vos réponses quand le juge d'instruction vous interrogera.

DUPONT, *à part.* Le juge d'instruction !

LE PROCUREUR, *à Dupont.* Vous pouvez vous retirer, monsieur, mais ne quittez pas la ville.

DEVARENNES, *à un valet.* Conduisez M. Dupont dans mon appartement.

Mme GENUT, *bas à Dupont.* Le procureur du roi n'est pas content de vous, monsieur Dupont... vous ne savez pas à quoi vous êtes exposé.

DUPONT. Au contraire.

Il salue et sort. *

LE PROCUREUR. Heureusement, les informations que nous avons prises nous ont mis déjà sur la trace.

DEVARENNES. Et qui soupçonne-t-on ?

Mme GENUT. Oui, qui soupçonne-t-on ?

LE PROCUREUR. Je vous le dis à regret, monsieur Devarennes, mais tout fait craindre que le meurtrier ne vous soit pas étranger.

DEVARENNES. Qu'entends-je ?

* Devarennes, le procureur du roi, Mme Genut.

SCÈNE VII.

LES MÊMES, LEMIRE, MARIE *.

Quand Marie et Lemire paraissent, les portes du fond s'ouvrent, et laissent voir le grand salon rempli de monde.

LEMIRE, *à Marie.* Que m'apprenez-vous, mon enfant?... un meurtre a été commis ?..

DEVARENNES, *courant à Lemire.* Mon ami... où est Ernest?.. il devait te rejoindre... l'as-tu revu?

LEMIRE. Hélas! non... Ne pouvant plus commander à mon inquiétude, je venais le chercher ici.

MARIE. Mon Dieu! que craignez-vous donc pour M. Ernest?

LE PROCUREUR. Ainsi monsieur votre fils n'a pas reparu depuis votre départ de la maison de campagne?

LEMIRE. Non, monsieur... et en apprenant que J. Lebrun avait succombé sous les coups d'un adversaire, j'ai pensé avec effroi qu'il existait entre cet homme et mon fils un motif de haine... une rivalité...

LE PROCUREUR, *à part.* C'est cela.

LEMIRE. Ils se seront battus peut-être?

DEVARENNES, *bas au procureur.* Vous voyez, monsieur, qu'il ne s'agirait ici que d'un duel... bien funeste sans doute... mais qui ne laisserait après lui que des regrets.

SCÈNE VIII.

LES MÊMES, LES INVITÉS **.

LE PROCUREUR, *après un assez long silence, allant à Devarennes et à Lemire.* Il manque ici deux personnes dont l'absence a lieu de me surprendre; général, je ne vois pas votre fils... Monsieur Devarennes, je ne vois pas non plus le vôtre?

DEVARENNES, *avec effroi.* En effet... où donc est Arthur?

MARIE. Je ne l'ai pas aperçu depuis votre arrivée.

DEVARENNES. Ciel!

Mme GENUT. Hum! hum!.. les voilà compromis tous les deux.

DEVARENNES. Il est chez lui sans doute, Je vais l'envoyer chercher, monsieur, et vous pourrez vous assurer...

LE VALET. Voilà M. Arthur.

Vif mouvement de curiosité. Tous les yeux se portent sur Arthur. Il a changé complètement de costume. Son trouble a disparu; il est seulement pâle et un peu faible, mais son front est calme et le sourire est sur ses lèvres.

* Mme Genut, Marie, Devarennes, Lemire, le procureur du roi.
** Mme Genut, Marie, Devarennes, le procureur du roi, Lemire, les invités au fond.

DEVARENNES, *avec joie.* Il n'a pas attendu qu'on allât le prévenir.

Mme GENUT, *à part.* Voyons un peu sa physionomie... je m'y connais et...

SCÈNE IX.

LES MÊMES, ARTHUR.

ARTHUR, *après avoir salué tout le monde.* Pardonnez-moi, mon père, de m'être fait attendre...mais, instruit par un de vos gens du meurtre qui a été commis si près de votre maison, j'avais pensé que cette réunion n'aurait pas lieu; Etienne m'ayant assuré que vous receviez... je me suis préparé à la hâte.

LE PROCUREUR, *à part.* Ce n'est pas lui.

LEMIRE, *bas à Devarennes.* Oh! tu es bien heureux toi... tu n'as plus rien à craindre pour ton enfant, tandis que moi...

Mme GENUT, *à part.* Il est clair maintenant que c'est l'autre...

ARTHUR, *s'approchant de Lemire.* Comment! vous êtes seul, général?... où donc est Ernest?

LE PROCUREUR. M. le général ne saurait répondre à votre question... mais avant une heure j'aurai retrouvé ce jeune homme qui semble vouloir se soustraire à tous les yeux.

ARTHUR. Ernest.... lui.... et pourquoi?..

LEMIRE, *au procureur.* Monsieur, si, oubliant le nom que porte mon fils et sa vie entière, vous avez pu concevoir d'horribles soupçons... veuillez au moins ne donner aucun ordre qui les accrédite et les répande; attendez pour asseoir votre opinion que vous ayez vu et entendu mon fils. Quant au soin que vous voulez prendre d'envoyer à sa recherche, permettez que je m'en charge seul... quelque vigilante, quelque adroite que soit votre police, la tendresse d'un père sera plus active et plus intelligente encore... Ce prétendu coupable qui, dites-vous, veut se soustraire à tous les regards, ce sera moi, monsieur, moi qui vous le ramènerai.

Au moment où Lemire va sortir, Robert, le valet du premier acte, paraît.

SCÈNE X.

* LES MÊMES, ROBERT, *entrant précipitamment.*

ROBERT. Ah! vous voilà, monsieur le général...je disais bien qu'on vous trouverait sûrement ici, et qu'il ne fallait pas le transporter plus loin.

* Mme Genut, Marie, Devarennes, Arthur, Lemire, le procureur du roi.

LEMIRE. Transporter... qui donc?

ROBERT. Ne vous effrayez pas, monsieur le général... il n'est qu'évanoui.

LEMIRE. Ah! c'est de mon fils que tu parles?.

TOUS. Ernest?

LEMIRE. Où est-il?

ROBERT. Le voilà!...

On apporte dans le grand salon au fond Ernest évanoui. Tout le monde court à lui.

LEMIRE, *au fond*. Ernest! mon enfant... ah! un médecin... du secours...

* LE PROCUREUR, *fait signe à Robert de ~~~~~~~~~~~~ lui* Comment se fait-il...

Mme GENUT. Oui, comment se fait-il...?

ROBERT. Voilà, monsieur.... Je quittais la maison de campagne où la justice était venue chercher le corps de l'étranger... je causais avec des paysans des environs du malheur qui était arrivé... quand je vois sur la route... et je reconnais parfaitement le cheval de M. Ernest qui courait en liberté... ça nous étonne et ça nous effraie tous... ce cheval est vif, très-difficile à conduire, il aura emporté, renversé son maître; cette pensée nous vient à tous... à ce moment, Jean-Louis nous appelle; il venait d'apercevoir étendu sur le pavé et sans connaissance, ce pauvre jeune homme, que nous avons relevé bien vite; ne pouvant le faire revenir à lui, nous avons voulu le transporter chez M. son père... mais en passant devant l'hôtel, j'ai pensé que M. Lemire devait être à la soirée; que M. Ernest avait besoin de prompts secours, et qu'il était inutile d'aller jusque chez le général, qui, vous le savez, demeure encore assez loin d'ici.

LE PROCUREUR. C'est bien.

MARIE, *au fond, à Lemire*. Ah! rassurez-vous, général... il ouvre les yeux et vient de me serrer la main.

LEMIRE. Ernest... mon cher enfant...

DEVARENNES. Il cherche à se reconnaître... à parler...

LE PROCUREUR. Je recommande à tout le monde le plus profond silence!

** ERNEST, *revenant à lui*. Mon père..... Marie... où suis-je donc?... ah! je me souviens... je vous ai désobéi... mon père..!

LEMIRE. Mais, pour Dieu! que t'est-il arrivé? parle!

ERNEST. Oh! rien... presque rien, mon père! Mon cheval a eu peur... je n'ai pu m'en rendre maître... et il m'a renversé...

---

* Mme Genut, Robert, le procureur du roi, Devarennes, Marie, Lemire, Ernest au fond.

** Mme Genut, Arthur, Lemire, Marie, Ernest, Devarennes, le procureur du roi.

(*Se levant*.) Pardon... mille pardons pour l'inquiétude que je vous ai causée... Que de monde!... (*Avec surprise*.) Monsieur le procureur du roi!

DEVARENNES, *bas au procureur*. Vous l'entendez, monsieur; son absence est maintenant expliquée.

LE PROCUREUR, *lui montrant le bras d'Ernest, encore enveloppé d'un mouchoir*. Et cette blessure, monsieur, cette blessure, comment l'expliquez-vous?

DEVARENNES. Grand Dieu!

LE PROCUREUR, *allant à Ernest*. Monsieur, vous êtes maintenant en état de répondre aux questions qu'il est de mon devoir de vous adresser.

ERNEST, *surpris*. A moi? Parlez, monsieur... (*A son père*.) Que signifie donc tout cela, mon père?

ARTHUR. Le soupçonnerait-on? oh! non, c'est impossible!

LE PROCUREUR. Vous avez vu tantôt M. Lebrun?

ERNEST. Oui, monsieur.

LE PROCUREUR. Vous lui avez parlé seul?

ERNEST. Seul, oui, monsieur.

LE PROCUREUR. Que s'est-il passé entre vous?

ERNEST. J'avais promis à mon père d'éviter toute rencontre avec M. Lebrun. Je voulais donc lui cacher la vérité; mais, puisqu'il le faut, monsieur, je vais vous le dire. Après une assez vive explication, M. Lebrun et moi nous nous sommes battus.

TOUS. Battus!

LE PROCUREUR. Sans témoins?

ERNEST. Sans témoins.

LE PROCUREUR. Et quel a été le résultat de cette rencontre?

ERNEST. Pour moi, cette blessure au bras.

LE PROCUREUR. Et, pour votre adversaire, la mort?

ERNEST. La mort!... non, monsieur... mon épée n'a pas même touché sa poitrine... M. Lebrun...

LE PROCUREUR. N'existe plus, monsieur, et, en expirant, il a déclaré avoir été assassiné... avoir blessé son meurtrier... M. Lebrun n'a vu que vous; n'a parlé qu'à vous... et vous êtes blessé, monsieur!

ARTHUR, *à part*. Oh! malheur! malheur!

ERNEST. Moi!... soupçonné de meurtre!

Arthur regarde son père et se tait.

LE PROCUREUR. Ces faits, quelque accablans qu'ils soient, peuvent être expliqués. Mais jusque là ils établissent une prévention tellement grave, que je me vois dans la nécessité de priver M. Ernest Lemire de sa liberté..

LEMIRE. Qu'entends-je?...

ERNEST. M'arrêter!

DEVARENNES. Ah! monsieur!

LE PROCUREUR. Je vous attends, monsieur.

LEMIRE. Ernest! mon ami!... je ne te quitte pas.

ARTHUR. Non, non, je ne le souffrirai pas.

DEVARENNES, *lui prenant la main* Ah!

si Ernest est réellement coupable, Lemire ne pourra supporter ce coup *.

ARTHUR. Mon père!

DEVARENNES. Quand on a vécu comme lui, comme moi, on ne survit pas à son honneur.

ARTHUR, Oh! mon Dieu! mon Dieu!... (*Il se laisse tomber sur un fauteuil*) Prenez-nous en pitié!

* Mme Genut, Marie, Arthur, Devarennes, Ernest, Lemire, le procureur du roi, les invités de chaque côté de la scène.

ACTE TROISIEME.

Le théâtre représente une salle de réception. Porte au fond et de chaque côté. Une cheminée et une table à droite de l'acteur.

SCENE PREMIERE.

DUPONT, L'HUISSIER*.

Ils entrent.

L'HUISSIER. Monsieur, c'est ici que vous devez attendre.

DUPONT. Où suis-je?

L'HUISSIER. Dans la salle des témoins. L'heure de l'audience va bientôt sonner, M. Delporte ne peut tarder à passer.

DUPONT, *à part.* Que peut-il me vouloir?

L'HUISSIER. Voilà M. le procureur du roi.

SCENE II.

LES MÊMES, LE PROCUREUR.

DUPONT. Monsieur, vous m'avez fait encore l'honneur de...

LE PROCUREUR. Je vous ai mandé, monsieur, pour vous interroger une dernière fois, avant la reprise des débats. Persistez-vous à rétracter vos précédentes révélations?

DUPONT. Je n'ai jamais rien révélé, monsieur, car je n'ai jamais rien su.

LE PROCUREUR. Prenez garde, monsieur; il se peut que les aveux du prévenu lui-même viennent vous confondre, et alors vous apprendrez avec quelle sévérité la loi punit les faux témoins.

DUPONT. Ah! mon Dieu!

LE PROCUREUR. Réfléchissez, monsieur; il est temps encore de tout réparer, dans une heure il sera trop tard. *Il sort.*

SCENE III.

DUPONT, *seul.*

Dans une heure il sera trop tard... ces gens-là me rendront fou! Ma sœur m'a donné dans ce malheureux procès une importance que je ne mérite en aucune façon... Personne ici ne connaît bien ma position... personne, pas même le coupable, qui m'a cru et me croit encore beaucoup plus dangereux que je ne le suis véritablement. Si j'avais pu lui dire ou plutôt lui faire dire : voilà positivement ce que j'ai vu, rien de plus, il aurait passé de meilleures nuits, j'en suis sûr, et moi aussi. Au reste, si le jeune Lemire est réellement le meurtrier, ce que je finirai par croire comme tout le monde, je dois avouer qu'il joue admirablement son rôle. A la dernière audience, comme il me pressait de dire tout ce que je savais! avec quelle assurance il m'interrogeait! qui nous aurait attentivement regardés tous les deux nous eût pris lui pour le témoin et moi pour l'accusé; mais je l'ai compris, je n'ai rien dit de ce que j'avais vu, rien dit non plus de ce que j'avais trouvé. Il paraît que le coupable, quel qu'il soit, ne me sait pas possesseur de ce maudit portefeuille qui me pèse là comme une mauvaise action... il me l'aurait redemandé..... Ce portefeuille appartenait sans aucun doute au malheureux Lebrun... J'ai reconnu les deux initiales. (*Regardant autour de lui et tirant le portefeuille de sa poche.*) Le voilà... je n'ai point encore osé l'ouvrir... pourtant je voudrais bien... ma sœur ne viendra pas me surprendre ici... voyons... (*Il ouvre le portefeuille.*) C'est une indiscrétion... mais, ma foi... je trouverai peut-être là-dedans la preuve que le jeune Ernest est bien véritablement le...

SCENE IV.

DUPONT, ARTHUR*.

(Arthur entre sans bruit, et sans d'abord apercevoir Dupont.)

ARTHUR. C'est ici que je dois attendre le passage d'Ernest... Pauvre ami!.. il ne portera pas plus long-temps la peine de mon crime... tout va se décider aujourd'hui. Si un échafaud se dresse pour lui, c'est moi qu'on y verra monter.

(Apercevant Dupont.)

DUPONT, sans voir Arthur. Des effets de commerce... des lettres de change...

ARTHUR. Dupont! que vient-il donc faire encore chez le procureur du roi?

DUPONT. Je ne suis guère plus avancé... Ah! voilà quelques lignes écrites au crayon...

ARTHUR. Que regarde-t-il?

(Il s'approche doucement de lui.)

DUPONT. C'est une lettre.

ARTHUR, il approche encore, et par-dessus l'épaule de Dupont il aperçoit et reconnaît le portefeuille. Je ne me trompe pas, ce portefeuille, c'est celui... ah!

(Il va s'élancer et saisir le portefeuille ; Dupont se retourne.)

DUPONT, cachant le portefeuille. Hein! qui est-ce qui est là?.. Ah! c'est vous, monsieur Arthur?

ARTHUR, à part. Imprudent! j'ai failli me trahir.

DUPONT. Je m'étonnais aussi de ne vous avoir pas vu d'aujourd'hui, car vous avez la complaisance de ne presque plus me quitter ; vous sortez avec moi, vous rentrez avec moi...on n'est pas plus aimable... (A part.) Il m'a fait une peur...

ARTHUR, à part. Cet homme aura donc tous mes secrets!.. apportait-il ce portefeuille au procureur du roi? Oh! il faut qu'il me le rende... il le faut..

DUPONT. Qu'avez-vous donc, mon jeune ami? vous paraissez préoccupé... (A part.) Il me regarde beaucoup... est-ce qu'il soupçonnerait...?

ARTHUR, à part. Mais comment, sans me perdre, lui arracher ce...? (Haut.) Que faisiez-vous donc ici, monsieur Dupont?

DUPONT. Moi.... je... je me.... rien du tout... je ne faisais rien.

ARTHUR. Pourtant il m'a semblé que vous examiniez avec attention...

DUPONT. Quoi donc?,

ARTHUR. Allons, vous le savez bien, les papiers qui sont dans ce portefeuille...

DUPONT. Du tout, je n'ai pas eu le temps de les lire.

* Arthur, Dupont.

ARTHUR, avec joie. Ah! vous ne les avez pas lus! (Avec intention.) Ce portefeuille n'est donc pas à vous?

DUPONT. Mais...

ARTHUR. Pourquoi le cachez-vous avec tant de soin?

DUPONT. Ah! tenez, vous allez croire des choses... après tout on ne m'a pas ordonné de le garder.. et, puisque je l'ai laissé voir, ma foi, il en arrivera ce qu'il pourra, je ne veux pas qu'on me prenne un jour pour un voleur, et je vais porter ces tablettes au procureur du roi.

ARTHUR, avec effroi. Au procureur du roi! et pourquoi? Où avez-vous donc trouvé ce portefeuille?

DUPONT. Oh! je n'oserai jamais vous dire...

ARTHUR. Que craignez-vous?

DUPONT. Oh! de vous... rien... mais....

ARTHUR. Vous paraissez indécis, inquiet; ne puis-je vous donner un bon conseil?

DUPONT. J'en aurais grand besoin... (A part.) Ah! que j'ai mal à la tête!...

ARTHUR. Parlez, parlez vite!... ce portefeuille...

DUPONT. Est, je crois, celui de la victime, je l'ai trouvé par hasard, ramassé par instinct...

ARTHUR. Et gardé...

DUPONT. Par peur...

ARTHUR. Et maintenant, qu'en voulez-vous faire?

DUPONT. Je n'en sais rien; conseillez-moi, dois-je le garder ou le remettre entre les mains du procureur du roi? décidez!

ARTHUR. Moi!.. (A part.) Oh! du calme, mon Dieu! du calme!...

(Il porte la main à sa blessure.)

DUPONT. Eh bien!

ARTHUR. Si vous le gardez, il peut être découvert et vous compromettre.

DUPONT. C'est ce que je pensais, et je cours...

ARTHUR, l'arrêtant. Le donner!... mais songez donc que la victime le demandait en expirant ; chacun alors a pensé que le meurtrier l'avait enlevé.... Que dira-t-on en le retrouvant entre vos mains?

DUPONT. Mais que faire alors de ce...?

(Il le tire à moitié de sa poche.)

ARTHUR, se tenant à peine. Il.... il faut... le...

(Il montre la cheminée.)

DUPONT. Le brûler!... je n'y avais pas songé.

ARTHUR. Mais à l'instant, à l'instant même.

DUPONT. Vous croyez?

(Arthur tout en parlant pousse doucement Dupont vers la cheminée.)

ARTHUR. On peut donner l'ordre de vous fouiller!...

DUPONT. Sans doute!.. tandis qu'une fois là...

ARTHUR, *le poussant*. Plus de soupçon.

DUPONT, *avançant*. Plus de dangers... je n'ai rien vu.

ARTHUR, *même jeu*. Rien trouvé... allons... allons donc.

DUPONT, *tirant tout-à-fait le portefeuille*. Ah! c'est décidé!..

(Il va le jeter; on entend parler au dehors. Dupont s'arrête.)

ARTHUR. Eh bien! jetez-le donc.

DUPONT. On vient.

ARTHUR, *voulant le lui arracher*. Et qu'importe?... jetez-le toujours...

DUPONT, *le remettant dans sa poche*. Du tout, il ne brûlerait pas assez vite; on le verrait.

ARTHUR. Oh! malheur! malheur!

SCÈNE V.

LES MÊMES, DEVARENNES, MARIE, Mme GENUT.

DEVARENNES. Tu es arrivé le premier, Arthur... c'est bien, mon ami; pour un tout autre motif que celui qui nous amène, je t'aurais blâmé d'être sorti... car tu souffres... et ton état m'inquiète.

ARTHUR. Oh! vous vous trompez, mon père.

MARIE. C'est toi qui veux nous tromper, mon frère... tu es malade, j'en suis sûre. Si tu savais comme en ce moment encore tu es pâle et abattu... On lit la souffrance sur tous tes traits... Pourtant je ne te reprocherai pas non plus d'être venu. Si nous abandonnions le pauvre Ernest, que lui resterait-il?

Mme GENUT. Que faites-vous ici, mon frère?

DUPONT. J'attends... je vais peut-être subir un nouvel interrogatoire.

DEVARENNES. Vous en serez dispensé... l'affaire touche à son terme; l'avocat-général va donner ses conclusions, le défenseur répondra, et avant une heure peut-être l'arrêt sera rendu.

ARTHUR, *à part*. Déjà!

Mme GENUT. Voilà l'accusé... son père l'accompagne.

DEVARENNES, *à part*. Son père... ah! c'est lui surtout que je plains.

MARIE. Nous permettra-t-on de lui parler?

Mme GENUT. Sans doute, il n'est plus au secret.

SCÈNE VI.

LES MÊMES, LEMIRE, ERNEST, UN OFFICIER DE GENDARMERIE *.

DEVARENNES. Lemire!

MARIE *et* ARTHUR. Ernest!

DEVARENNES. Du courage... du courage. Mes enfans et moi, nous avons voulu venir jusqu'ici... pour être les premiers à vous embrasser l'un et l'autre quand l'innocence d'Ernest sera publiquement reconnue.

ERNEST. Et si elle ne l'était pas?

ARTHUR, *vivement*. C'est impossible.

LEMIRE. Arthur a raison... C'est impossible... Tu n'as pas menti à tes juges, Ernest... car, à ton père qui t'interrogeait, tu as tenu le même langage... Coupable, tu lui aurais tout avoué, tu aurais accepté l'arme qu'il t'apportait pour t'épargner du moins la honte de l'échafaud. Innocent, il l'a rejetée, cette arme, il m'a pressé contre son cœur... il m'a dit : Mon père, je ne veux pas mourir, car je puis vivre avec honneur; car je suis digne de vous, digne de Marie. De ce moment je suis resté convaincu de son innocence, et douter aujourd'hui de son acquittement, ce serait douter de la justice de Dieu.

ERNEST. Non... mais de la justice des hommes..... qui sont sujets à l'erreur..... Toutes les preuves que le hasard et la fatalité ont rassemblées contre moi ne sont-elles pas, d'ailleurs, assez fortes pour entraîner la conviction des jurés?

ARTHUR. Mais ces prétendues preuves ne sont que des présomptions.

Mme GENUT. L'opinion de tout l'auditoire est que l'accusé doit être absous.

ERNEST. Avez-vous pu lire dans les yeux des jurés?.. je l'ai fait, moi... j'ai interrogé leurs regards... partout j'ai vu la conviction de la culpabilité... ou tout au moins le doute..... Hier, pendant ces pénibles débats, qui avaient épuisé mes forces et mon énergie... pas un mot d'encouragement, pas un regard bienveillant n'est parti pour moi du banc de mes juges. Sur leurs fronts toujours sévères, il n'y avait, je vous le jure, ni émotion ni pitié: Alors, j'ai cessé d'espérer... Que ma destinée s'accomplisse... je ne me défendrai plus.

MARIE. Que dites-vous, Ernest?.... ne penserez-vous donc pas à la pauvre Marie, dont le cœur se brise à chacune des cruelles paroles que vous venez de prononcer?...

* Dupont, Arthur, Devarennes, Lemire, Ernest, Marie, Mme Genut, l'officier et l'huissier au fond.

à votre père?... Voyez... voyez... il s'est éloigné de nous pour ne pas vous entendre... et pour cacher les larmes qui remplissent ses yeux... Regardez-le... regardez-moi... Ernest... et ne dites plus... oh ! ne dites plus que vous renoncerez à vous défendre.

LEMIRE. Mon ami, le moment est venu, au contraire, de rassembler toutes tes forces... de faire parvenir au cœur de tes juges tes dernières paroles, dé leur crier encore une fois... Je suis innocent..... Ils t'entendront... Allons, mon Ernest, allons, du courage... vois, je suis calme... j'attendrai sans crainte leur arrêt... car, j'en suis sûr... ils me rendront mon fils.

DUPONT, *ému.* Certainement.

ERNEST, *regardant Dupont.* Le danger qui m'entoure serait moins redoutable si tout le monde avait fait son devoir, si chaque témoin avait déclaré tout ce qu'il sait.

L'HUISSIER. L'audience.

Un officier de gendarmerie paraît à la porte.

ERNEST. Me voilà, monsieur, me voilà. Adieu, Marie..... Adieu, mes amis... mon père, je me souviendrai de ce que vous m'avez dit.

ARTHUR. Je ne te quitte pas...

Mᵐᵉ GENUT, *à Marie.* Je sors avec eux. Je viendrai vous rendre compte de tout ce qui se sera passé.

ERNEST, *au moment de sortir, court à son père et se jette dans ses bras.* Mon père... encore une fois...

ARTHUR, *à part.* Allons... c'est mon arrêt qu'ils vont prononcer... Ce n'est pas Ernest Lemire, c'est Arthur Devarennes qu'ils vont absoudre ou condamner... Ah! Dupont.

DUPONT. Hein !

ARTHUR. Venez.

DUPONT. Mais.

ERNEST Partons, j'aurai du courage à présent.

ARTHUR, *entraînant Dupont.* Venez donc, il le faut.

Ernest, Arthur, Dupont, Mᵐᵉ Genut sortent. La porte se referme.

SCENE VII *.

* LEMIRE, DEVARENNES, MARIE.

LEMIRE, *qui ne pouvait plus se contenir.* Il n'est plus là... il ne peut plus me voir... il ne peut plus m'entendre... ah ! ah ! ah !.

Il tombe en sanglotant sur un fauteuil; Devarennes et Marie courent à lui.

♭ * Devarennes, Lemire, Marie.

DEVARENNES. Mon ami !

LEMIRE. Je ne le verrai plus... maintenant je ne le verrai plus que flétri... condamné.

MARIE. Que dites-vous?

LEMIRE. Oh ! je me m'abuse pas... tout-à-l'heure, quand je me suis séparé de lui, je cherchais à lui donner un espoir que je n'avais plus.

MARIE. Mais cependant.

LEMIRE. Oh ! tant qu'il était près de moi j'avais de la force pour le soutenir, pour l'engager à se défendre... et puis en le regardant, je retrouvais dans ses traits toute la noblesse, toute la pureté de son ame... je me disais : Ils n'oseront pas le condamner. Pauvre fou, qui ne comprenais pas que tout cela je le voyais avec des yeux de père, tandis que ces juges, impassibles comme leurs lois, n'interrogeront que les faits, ne pèseront que les preuves; ils se consulteront froidement entre eux, et, quand ils auront prononcé leur sanglant arrêt, ils n'auront pas un remords, pas un regret... car ils se diront : nous avons fait notre devoir ! leur devoir ! et ils l'auront condamné, lui, mon Ernest, mon enfant !

MARIE, *se jetant dans ses bras.* Oh ! monsieur... monsieur, prenez pitié de nous et de vous-même.

LEMIRE. De moi ! et qu'importe moi... pauvre vieillard, dont la dernière heure est près de sonner?... ah ! s'ils pouvaient prendre ma vie en échange de la sienne... Mourir... lui... plein de jeunesse... d'avenir !...

Bruit de sonnette.

MARIE. Qu'est-ce que cela, mon père ?

DEVARENNES. Les débats sont clos... les jurés vont entrer dans leur salle de délibération.

LEMIRE, *se levant.* Tout est fini, lis-tu?.. oh ! non... je veux les voir... il faut qu'ils m'entendent... (*S'arrêtant.*) Trop tard... il est trop tard... malheureux... j'ai douté de moi-même... je suis resté... mais ma place était près de mon fils... son avocat, ce devait être moi... oh ! je l'aurais bien défendu... à ses juges j'aurais crié : Cet enfant, tout-à-l'heure encore je le pressais dans mes bras... je le baignais de mes larmes, aurais-je fait cela s'il eût été coupable... oh ! non... nous serions morts tous deux, car la honte eût été pour tous deux... mais regardez-le... écoutez-le... et si vous doutez encore, après l'avoir vu, après l'avoir entendu... eh bien! soixante ans d'une vie irréprochable, trente campagnes, cette croix que l'empereur lui-même attacha sur ma poitrine ensanglantée, je

vous engage tout cela en garantie de l'innocence de mon fils... entendez-vous bien?..
moi, Lemire, j'engage tout... Oh! il y a des
pères parmi ces juges... ceux-là m'auraient compris, ceux-là m'auraient rendu
mon enfant.

Il retombe.

SCENE VIII.
* LES MÊMES, Mme GENUT.

DEVARENNES. Ah!.. eh bien! eh bien!
madame!

Mme GENUT. Les jurés délibèrent.

LEMIRE. Et lui... lui?

Mme GENUT. Toujours calme... toujours
digne, il a excité l'admiration générale;
Quelle force! quel sang-froid!.. ce n'est pas
comme M. Arthur; pauvre jeune homme,
comme il tremblait pour son ami!...

MARIE. Cher Arthur!

Mlle GENUT. Comme il dévorait des yeux
le défenseur... comme il s'animait avec
lui!... pendant toute la plaidoirie, sa poitrine était haletante, ses yeux étincelans;
sans qu'il s'en aperçut, des paroles entre-
coupées s'échappaient de sa bouche.....
Bien... bien cela. .oui, oui il est innocent...
je le sais, je le sais bien moi... Puis, par
moment aussi, il pâlissait et des larmes
roulaient dans ses yeux.

LEMIRE. Que pense-t-on? qu'espère-t-
on?

Mlle GENUT. Mais...

LEMIRE. Ah! parlez... parlez de grâce.

Mme GENUT. L'avocat du roi a été bien
éloquent aussi.

LEMIRE. Ah! le cruel!

MARIE. Mais les juges?

DEVARENNES. Les jurés?

Mme GENUT. Les jurés, j'en ai vu deux
qui pleuraient... mais il en reste dix.

On entend un coup de sonnette.

Mme GENUT. Ils reviennent et vont prononcer.

LEMIRE. Déjà!

Mme GENUT. Je retourne à ma place....
(*Elle s'arrête.*) C'est singulier... malgré
ma grande habitude... je n'ose plus avan-
cer... si ce pauvre jeune homme...

On entend un grand bruit au dehors.

DEVARENNES. L'arrêt est rendu.

Mme GENUT. On vient ici.

SCENE IX.
LES MÊMES, DUPONT *.

LEMIRE. Eh bien! monsieur?

* Dupont, Mme Genut, Devarennes, Lemire,
Marie.

DUPONT, *embarrassé.* Comment! est-ce
que vous ne savez pas encore?

DEVARENNES. Parlez... parlez-donc...

DUPONT, *bas.* A sept voix contre cinq,
il a été...

LEMIRE. Condamné...

DEVARENNES. Sept voix contre cinq....
Tout n'est pas perdu... il reste encore à
ton fils une chance de salut...

LEMIRE. Comment?

DEVARENNES. Aux termes de la loi,
sept voix ne suffisent pas pour prononcer
un arrêt de mort, et les juges en se joignant
maintenant à la minorité peuvent encore
absoudre.

LEMIRE. Tu ne me trompes pas?

DEVARENNES. Non... les juges d'Ernest
sont tes amis... les miens... tous connais-
sent la vie passée de ton fils... ils te le rendront...

Mme GENUT. Voilà M. Arthur.

SCENE X.
LES MEMES, ARTHUR.

ARTHUR. Mon père... mon père.. (*Il se
jette dans les bras de M. de Varennes.*)
Non... non l'accusé n'est pas coupable....

TOUS. Sauvé.

ARTHUR. Acquitté... acquitté...oh! si
vous saviez... si vous pouviez comprendre
tout ce que j'ai supporté de tortures depuis
une heure... mais tout est fini... plus de
danger pour Ernest. . plus de craintes pour
personne... j'ai bien souffert, mais je suis
bien heureux... oh! bien heureux maintenant... oh! embrassez-moi... embrassez-
moi, mon père!

DEVARENNES. Les émotions de cette
journée ont achevé d'épuiser ses forces...
Dupont, accompagnez-le jusqu'à ma voiture.

DUPONT. Certainement.

Mme GENUT. Vous viendrez me reprendre, mon frère.

ARTHUR. Partons, partons .. (*A part.*)
On pourrait soupçonner...

LEMIRE. Mais Ernest, où est Ernest?...

ARTHUR. Le voilà... on nous le ramène...
Adieu, mes amis... ne vous occupez que
de lui... Venez, Dupont.

Il sort par une porte, Ernest entre par une autre.

SCENE XI.
ERNEST, DEVARENNES, MARIE,
Mme GENUT, LEMIRE.

Lemire, Marie, Devarennes courent à Ernest et l'em-
brassent.

ERNEST. Oh! mon père... Marie...

* Dupont, Mme Genut, Marie, Devarennes, Arthur,
Lemire.

LEMIRE. Ah ! ils t'ont fait justice.

ERNEST, *tristement.* Non, mon père . ils m'ont fait grâce... avec la vie, ils m'ont aussi laissé la honte ! Les jurés.... c'est l'opinion, c'est le monde, et les jurés m'ont condamné.

LEMIRE..Mais les juges !. .

ERNEST. Ont eu pitié de moi... le président me l'a dit devant tous.

LEMIRE. Grâce ou justice , que m'importe ! ta vie était menacée , je te croyais perdu pour moi... maintenant, je te tiens là sur mon cœur, et nul n'a le droit de venir t'en arracher.

ERNEST. Sur votre cœur... oui, c'est désormais mon seul refuge... car des amis, je n'en ai plus... je comprends tout maintenant... lorsqu'après la sentence rendue je me tournai vers ceux qui m'avaient encouragé comme vous à me défendre... pas une main ne s'avança pour serrer la mienne... pas un regard ne répondit au mien... ah ! c'est que de ce moment s'était dressée la barrière que le préjugé élève entre le monde et moi ; c'est que de ce moment, mon père, il ne me restait plus que vous et Marie...

MARIE. Oh ! oui, toujours.

LEMIRE. Eh bien ! si ce monde injuste et cruel te méconnaît et te repousse , nous le fuirons, nous quitterons la ville... la France,.. aussitôt après ton mariage.

DEVARENNES. Son mariage !..

ERNEST. Pourquoi donc avez-vous tressailli, monsieur ? Pourquoi détournez-vous les yeux... craignez-vous donc que j'y lise le doute ?..Oh ! mais, si vous aussi vous me croyez coupable.. je n'ai plus qu'à mourir...

DEVARENNES. Non, Ernest... jamais mon cœur ne vous a soupçonné, et vous êtes encore pour moi digne du nom que vous portez, digne de Marie... cependant votre mariage...

ERNEST. Achevez, monsieur! achevez !

LEMIRE, *avec force.* Devarennes, j'ai ta parole.

DEVARENNES. Ma parole... oui... mais, tout-à-l'heure , toi , le plus parfait homme de bien que j'aie connu , tu vas me la rendre... si le mariage de nos enfans devait rester secret, si notre vie entière devait s'écouler dans une obscure retraite , je dirais encore à ton fils... Marie est à toi... car, en mon ame et conscience, tu la mérites toujours... mais ce mariage annoncé publiquement devra être célébré publiquement ; et dis-moi, est-ce possible, au moins quant à présent? Certes , le préjugé qui frappe Ernest est cruel, injuste, mais il existe... il frappera ma fille... on s'éloignera d'elle... ou il faudra que, tremblante et fugitive, elle abandonne les lieux qui l'ont vue naître, ses parens, ses amis... il faudra qu'elle cache avec soin ce nom dont elle devait être fière... qu'elle évite de se montrer en public avec son mari, pour ne pas entendre murmurer à son oreille ces mots qui la glaceraient de honte et d'horreur : Elle s'appuie peut-être sur le bras d'un meurtrier.

LEMIRE. Oh !

DEVARENNES. Enfin , rappelle-toi Daubray ; notre camarade, notre ami : accusé comme Ernest , il fut acquitté *comme lui par le bénéfice de la loi* ; Daubray devait épouser ta sœur... eh bien ! les larmes aux yeux, tu courus te jeter à ses pieds, et tu lui dis ces paroles que je n'ai point oubliées: « Daubray , je crois à ton innocence, et » me battrai avec quiconque en doutera... » mais je viens te supplier de renoncer à ma » sœur, que tu ne peux vouloir associer, non » pas à ta honte, mais à ton malheur...» Tu lui dis cela... et moi, mon vieux camarade, je viens à mon tour, les larmes aux yeux, le désespoir dans le cœur, te supplier de me rendre ma parole , et te demander à deux genoux pitié, pitié pour mon enfant.

LEMIRE. Ah ! Devarennes !.. Devarennes!

ERNEST, *avec dignité.* Au nom de mon père, monsieur Devarennes, je vous rends, moi, cette parole que j'avais reçue avec tant de reconnaissance et de joie... vous avez fait votre devoir , monsieur, vous ne pouviez pas , en effet, mettre votre fille aux bras d'un homme déshonoré.

LEMIRE. Que dis-tu ?

ERNEST. Oui, mon père , déshonoré.... la tache m'a été imprimée aujourd'hui au front ; le doute est entré dans tous les cœurs ; il y restera jusqu'au moment où, faisant ce que la justice n'a pu faire, j'aurai su découvrir le vrai coupable ; et désormais ce sera là le seul but, la seule pensée de toute ma vie... cet homme , je le chercherai sans relâche... je serai pour lui ce qu'il fut pour moi... sans pitié... je le poursuivrai jusqu'à ce qu'enfin je puisse vous dire : Relève la tête, mon père... car un autre vient de laver de son sang la souillure dont on m'avait flétri, et nul ne peut plus dire de votre fils à présent : C'est peut-être un assassin.

LEMIRE. Bien, Ernest.

ERNEST. Il est un homme qui peut tout pour moi.

LEMIRE. Et cet homme, quel est-il ?

ERNEST. Cet homme...

DUPONT. Ma sœur, je viens...

ERNEST. Cet homme... le voilà.

ACTE QUATRIÈME.

Le théâtre représente une salle de l'hôtel Devarennes, ouvrant sur le jardin par de grandes croisées. Portes latérales. Au fond le jardin.

SCENE PREMIERE.

Mme GENUT, *fermant un carton.*

Que d'émotions dans une seule journée! Malheureusement, quand cela devient plus embrouillé, plus intéressant que jamais, il faut que je quitte la ville. Je ne verrai pas le dénouement de tout ceci. Mon frère, sans doute pour éviter les explications que doit venir lui demander M. Ernest, a résolu de partir secrètement et ce soir même. Il avait l'air si effrayé en m'annonçant tantôt ce départ, que je n'ai pas cru devoir lui résister. Tout est fini, et, quand mon frère, qui est allé je ne sais où, rentrera, nous pourrons monter en voiture.

SCENE II.

Mme GENUT; DUPONT *.

DUPONT, *entrant fort agité.* Ma sœur! ma sœur!... qu'est-ce que vous faites donc là?

Mme GENUT. Nos paquets.

DUPONT. Nos paquets! pourquoi?

Mme GENUT. Mais... pour partir.

DUPONT. C'est inutile, nous ne partons plus.

Mme GENUT. Comment? mais tantôt, c'est vous qui m'avez dit de...

DUPONT. C'est possible... mais depuis tantôt, on m'a fait changer... non, j'ai changé d'avis.

Mme GENUT. J'en suis fâchée, monsieur mon frère, mais vous m'avez fait serrer toutes mes robes, emballer tous mes chapeaux, fermer tous mes cartons, et à mon tour je veux partir.

DUPONT. Partir! (*A part.*) La malheureuse ne sait pas qu'il y va de ma vie! (*Haut.*) Je vous répète que je reste... je reste, entendez-vous? il faut même le crier bien haut, pour que tout le monde le sache.

Mme GENUT. Alors vous m'expliquerez ce changement?

DUPONT. J'ai, pour ne plus vouloir me mettre en route, des raisons qu'il vous serait d'autant plus difficile d'apprécier qu'il m'est complètement impossible de vous les dire.

Mme GENUT. Vous étiez pourtant sorti tout-à-l'heure dans l'intention d'aller retenir des chevaux et une voiture de poste.

* Dupont, Mme Genut.

DUPONT. C'est vrai... mais je ne suis même pas allé jusqu'à la poste.

Mme GENUT. Vous avez donc rencontré quelqu'un!

DUPONT. Du tout, je n'ai rencontré personne.

Mme GENUT. Vous avez reçu... une lettre... hein?

DUPONT. Une lettre...

Mme GENUT. Non, puisque vous n'avez rencontré personne : les lettres ne viennent pas toutes seules d'ordinaire.

DUPONT, *à part.* Oui..... d'ordinaire..... mais il n'y a rien d'ordinaire dans tout ce qui m'arrive.

Mme GENUT. Je ne vois là-dedans qu'un caprice dont je ne m'occuperai même pas, et aujourd'hui même, comme vous l'avez dit, nous retournerons à Paris.

SCENE III.

LES MÊMES, ERNEST.

ERNEST. Qu'entends-je!... vous voulez partir, monsieur Dupont?

DUPONT, *à part.* Ah! le voilà... (*Allant à lui.*) Du tout, du tout... Mon cher monsieur, ma sœur ne sait absolument pas ce qu'elle dit... je n'ai jamais eu l'intention... je suis très-bien ici...

ERNEST. Mille pardons, madame, un motif grave m'amène ici... il faut que je parle à M. votre frère, et ce que j'ai à lui dire ne peut être entendu que de lui.

Mme GENUT. Il suffit, monsieur, je vous laisse.

DUPONT, *à part.* C'est lui qui m'a écrit, et il n'aura pas voulu attendre jusqu'à ce soir pour...

ERNEST. Avant de vous éloigner, madame, pouvez-vous me donner des nouvelles...

Mme GENUT. De Mlle Marie?

ERNEST, *après un moment.* De... son frère.

Mme GENUT. Je l'ai seulement entrevu depuis notre retour; il m'a semblé qu'il était plus pâle, plus abattu que ce matin.

ERNEST. Je le verrai tout-à-l'heure.

Mme GENUT, *à part.* Comme il regarde mon frère!... (*Bas.*) Monsieur Dupont, prenez garde à vous.

Elle sort.

* Dupont, Ernest, Mme Genut.

SCENE IV.

DUPONT , ERNEST.

ERNEST. Nous sommes seuls enfin.... (*Avançant un fauteuil.*) Placez - vous là, monsieur, et prêtez-moi toute votre attention.

DUPONT , *à part.* C'est ça... il va me demander le portefeuille.

ERNEST. Plus encore que les magistrats qui vous ont interrogé, je suis certain que vous n'avez pas dit tout ce que vous saviez. Espérant, sans doute, que mon innocence serait assez évidente pour n'avoir pas besoin de votre témoignage, vous vous étiez promis de parler seulement dans le cas où je serais condamné. (*Dupont paraît fort surpris et regarde Ernest.*) Oh! pour vous estimer encore, monsieur, je dois croire que telle était votre pensée. Aujourd'hui, quoique acquitté, je viens réclamer de vous, et plus instamment que jamais, cet aveu que vous n'avez pas voulu faire.

DUPONT, *à part.* Qu'est-ce qu'il dit?

ERNEST. Si j'existe encore, monsieur, c'est que je me suis souvenu de vous, c'est que j'ai cru pouvoir espérer en vous.

DUPONT, *à part.* Je n'y suis plus du tout.

ERNEST. Monsieur, je viens vous implorer au nom de mon père qui fut votre ami.. Innocent et injustement soupçonné, je viens vous supplier de me nommer le vrai coupable.

DUPONT, *après avoir regardé autour de lui.* Ah ça! décidément, ce n'est donc pas vous?

ERNEST, *se relevant.* Moi! monsieur!...

DUPONT. Je comprends qu'à l'audience vous m'ayez pressé de questions; mais ici, entre nous...

ERNEST. Vous voulez donc, monsieur, continuer votre rôle?... Vous voulez donc me mentir à moi, comme vous avez menti à mes juges? Eh quoi! d'un mot, vous pouvez faire plus que me sauver la vie... vous pouvez me rendre l'honneur, et ce mot, je ne puis l'arracher de votre cœur ni de vos lèvres!... Ah! pour être si cruel envers moi, que vous ai-je donc fait, monsieur?

DUPONT, *ému.* Oh! ce n'est pas lui!...

ERNEST. Mais ne croyez pas que je renonce aussi facilement au dernier espoir qui me restait encore... Cet aveu que je vous demande, vous me le ferez, monsieur, vous me le ferez.

* Dupont, Ernest.

DUPONT, *se levant.* Des menaces...

ERNEST. Non, non, des prières, des prières encore.

DUPONT. Vous me faites beaucoup de peine, mon ami... Je vois maintenant que vous êtes un bon et digne jeune homme... je voudrais pouvoir... mais...

ERNEST. Mais, si vous vous taisez, je suis déshonoré.

DUPONT, *bas.* Eh! malheureux! si je parle, je suis mort.

ERNEST. Ah! je comprends enfin le motif de ce silence inexplicable. C'est la crainte qui vous ferme la bouche.

DUPONT. Je n'ai pas dit ça.

ERNEST. C'est cela... le meurtrier vous a menacé de sa vengeance... mais vous braverez ses menaces.

DUPONT, *à part.* Il en parle à son aise.

ERNEST. Car ses menaces seront vaines. Ne suis-je pas là maintenant pour vous défendre? Oh! le nom, le nom de l'infâme, et ne craignez rien de lui... car, du moment où je le connaîtrai, c'est moi qui le ferai trembler, c'est moi qui m'attacherai sans relâche à sa poursuite.

DUPONT. Hum! si j'étais bien sûr qu'il ne m'en arrivât pas malheur?

ERNEST. Je ne vous quitterai plus.... je mettrai sans cesse ma poitrine devant la vôtre... Oh! nommez-moi le meurtrier, et je vous jure qu'il n'aura pas le temps de se venger de vous.

DUPONT. Pauvre garçon!... D'ailleurs ça me fera un protecteur. (*Haut.*) Sommes-nous bien seuls? ne peut-on pas nous entendre?

ERNEST. Nous sommes seuls, parlez.

DUPONT. Vous aurez toujours des armes sur vous, n'est-ce pas?

ERNEST. Oh! parlez donc! vous avez vu l'assassin?

DUPONT, *bas.* Oui.

ERNEST. Vous le connaissez?

DUPONT, *bas.* Non.

ERNEST. Ah! vous me trompez encore.

DUPONT. Oh! je vais vous dire tout ce que je sais... je vous en donne ma parole d'honneur... il en arrivera ce qu'il pourra. Voilà les faits exacts. Quand je suis entré dans le pavillon, l'assassin y était encore; il fuyait et me tournait le dos. Depuis je ne l'ai pas revu; mais il m'a écrit.

ERNEST. Ah!

DUPONT. Oui, il a cru, comme vous, comme tout le monde, que je l'avais pu voir assez pour le reconnaître. Il faut que le scélérat ait des intelligences dans cette maison, et c'est ce qui me faisait croire

que... Oh! mais, je ne le crois plus. Figu-
rez-vous que la première de ses lettres, que
j'ai brûlée, m'est venue toute seule, sous
une porte.. et que la seconde s'est trouvée
tout-à-l'heure dans ma poche.

ERNEST. Vous n'avez pas brûlé cette seconde lettre?

DUPONT. Je n'en ai pas eu le temps... la
voilà.

ERNEST. Donnez.

DUPONT. Vous verrez qu'il me défend,
sous peine de la vie, de quitter Amiens,
et qu'il m'ordonne de me trouver ce soir...

ERNEST, lisant. « A la porte Saint-Laurent...» Cette écriture...

DUPONT. Est contrefaite comme celle de
la lettre que j'ai...

ERNEST. Que peut-il avoir à vous demander encore?

DUPONT, à part. Je m'en doute.

ERNEST, lisant. Le rendez-vous est pour
neuf heures.... il y viendra masqué... Ce
soir vous n'irez pas seul à la porte Saint-
Laurent, je vous suivrai, et, ce que vous
n'oseriez pas faire, je le ferai, moi; en vain
ce misérable se couvrira d'un masque, je
le lui arracherai, il ne m'échappera pas...
Ah! Marie! mon père!... c'est aujour-
d'hui... ce soir, que je serai vraiment acquitté.

DUPONT. Une idée... si vous alliez sans
moi à ce rendez-vous?

ERNEST. Non pas, il faut qu'il vous voie
seul d'abord.

DUPONT. Vous m'y envoyez tout seul?

ERNEST. Pour qu'il soit sans défiance et
pour qu'il se montre; mais je ne serai qu'à
peu de distance, et à peine aurez-vous à
échanger quelques paroles.

DUPONT. C'est ça... ne nous laissez pas
causer trop long-temps.

ERNEST. J'y songe... vous ne connaissez
pas bien la ville, il n'est que sept heures:
venez je vais vous montrer la route que
vous aurez à prendre ce soir, et je choisirai
la place d'où je pourrai, sans être aperçu,
suivre tous vos mouvemens...

DUPONT. Oui! c'est ça... nous la choisi-
rons le plus près possible de la porte Saint-
Laurent.

ERNEST. Venez. Oh! vous devez être
plus calme, plus heureux, monsieur, car
vous venez de faire une bonne action.

DUPONT. Fasse le ciel qu'elle ne me coûte
pas trop cher!

ERNEST. Partons, partons vite!

Il entraîne Dupont.

ooooooooooooooooooooooooooooooooooooooo

SCENE V.
DEVARENNES, MARIE *.

DEVARENNES. Je te le répète, ma chère
Marie, ma résolution est inébranlable.....
Étienne vient de porter à mon notaire mes
diverses instructions et à nos amis mes lettres d'adieu.

MARIE, pleurant. Oh! mon père...

DEVARENNES. Demain nous partirons
pour Paris; là nous trouverons des distrac-
tions pour toi, Marie, et d'habiles méde-
cins pour ton frère, dont la santé m'inquiète.

MARIE. Partir sitôt!... Mais avez-vous
songé, mon père...

DEVARENNES. A tout.... au bonheur
d'un rapprochement si Ernest réussit dans
ses recherches, à la nécessité d'une séparation si ses efforts demeurent sans résultat;

MARIE. Pauvre Ernest!

ooooooooooooooooooooooooooooooooooooooo

SCENE VI.
LES MÊMES, Mme GENUT **.

Mme GENUT. Mon cher monsieur, il se
passe encore quelque chose d'extraordi-
naire; votre salon se remplit de monde,
tous vos amis semblent s'y être donné rendez-vous; ils demandent à vous voir et paraissent fort agités. J'ai entendu plusieurs
fois M. Deneuville, le fils d'un des jurés de
ce matin, prononcer ces mots: Il ne faut
pas qu'il parte, il ne partira pas.

DEVARENNES. Je comprends, leur amitié va tenter de me retenir; mais tout me
commande de m'éloigner, au moins pour
quelque temps.

Mme GENUT. Je ne vous ai pas tout dit:
je sais encore que M. Deneuville, au nom
de tous vos amis, a écrit à M. Ernest que,
puisqu'il y avait obligation pour la famille
Lemire ou la famille Devarennes de quitter la ville, c'était à la plus pure de rester, à l'autre de lui céder la place.

MARIE. Oh! les cruels!

DEVARENNES. Qu'entends-je!.. et cette
lettre... a été envoyée... Grand Dieu!..
mais son père... ils n'ont donc pas songé
à son père!... Oh! je cours le trouver,
empêcher que cette lettre fatale arrive
jusqu'à lui..... Mon Dieu! mon Dieu!
vous ne l'aurez pas permis.

MARIE, au moment où Devarennes va
s'élancer au dehors, s'écrie: Le général
Lemire!

* Devarennes, Marie.
** Marie, Mme Genut, Devarennes.

SCENE VII.

Les Mêmes, LEMIRE. (*Il est pâle et pa-*
raît vivement ému[*].)

LEMIRE. Devarennes!.... où est Devarennes ?...

Il s'arrête en l'apercevant.

DEVARENNES, *courant à lui* Ami....j'allais chez toi...

LEMIRE, *lui prenant la main et l'amenant*
sur le devant de la scène. Et moi... je viens
ici pour savoir si je dois mépriser tous les
hommes et maudire Dieu... Devarennes,
sur ton honneur... sur ta conscience, as-tu
lu cette lettre?

DEVARENNES. Tu l'as reçue! (*A Deneu-*
ville.) Ah!

LEMIRE. Connaissais-tu cette lettre... et,
la connaissant, as-tu pu dire comme les autres : envoyez-la lui?

DEVARENNES. J'apprends à l'instant
l'imprudente démarche qu'on n'a pas
craint de faire... J'allais chez toi t'arracher
des mains cette lettre et l'anéantir... et
cela, je l'atteste sur ma conscience, sur
mon honneur!

LEMIRE. Ah!.. ah! mon Dieu! je vous
remercie... vous m'avez épargné ce dernier
coup...

DEVARENNES. Tu as pu croire?...

LEMIRE. Je suis si malheureux! cette lettre, cette odieuse lettre adressée à Ernest...
c'est moi qui l'ai reçue, moi qui l'ai ouverte... et le ciel en soit béni, puisqu'ainsi
je me placerais entre la mort et mon Ernest; Dieu a permis que je pusse me jeter
entre l'infamie et mon enfant. On me
chasse... oui, ils nous ont écrit de quitter
le ville... tiens, voilà leur lettre... signée
de leurs noms...

Il tombe accablé sur un fauteuil.

DEVARENNES, *à madame Génut.*[**] Madame, veuillez dire aux personnes rassemblées dans le salon que d'impérieux
motifs exigeaient mon départ, mais que
le nouveau coup qui vient de frapper le
général Lemire ne me permet plus de le
quitter... Qu'en conséquence, je resterai
à Amiens pour ne pas faire faute à cette
sainte amitié qu'il m'a gardée et dont je
m'honorerai toujours.

MARIE. Oh! c'est bien, mon père! nous
ne les abandonnerons pas nous...

Mme Genut sort.

SCENE VIII.

LEMIRE, DEVARENNES.

LEMIRE. Devarennes, je te remercie de
la pitié que tu as encore pour moi.

[*] Lemire, Devarennes, Marie.
[**] Devarennes, Lemire, Marie, Mme Genut.

DEVARENDES. Ah! peux-tu parler ainsi?..

LEMIRE, *se levant.* Eh! n'est-ce par
pitié que tu renonces à ton projet de départ?

DEVARENNES. Lemire...

LEMIRE. Sans cette lettre fatale, tu ne
m'aurais pas revu, Devarennes... oh! n'essaie pas de me retenir... quand tout espoir
s'éteindra, quand Ernest devra renoncer à
la tâche qu'il s'est imposée, nous nous reverrons une dernière fois ici pour nous dire
un éternel adieu.

SCENE IX.

Les Mêmes, ERNEST, *qui a entendu les*
derniers mots de Lemire.

ERNEST. Non, mon père, non, nous ne
nous séparerons pas.

LEMIRE. Que dis-tu?

ERNEST. Je dis qu'on ne verra pas le
général Lemire fuir sa ville natale en lais-
sant l'infamie après lui... je dis que demain vous pourrez marcher la tête haute
et fière; car demain, mon père, le vrai
coupable sera connu.

Mouvement.

LEMIRE. Tu ne me trompes pas... oh!
non; la noble joie qui brille dans tes yeux
ne me permet plus de douter... oh!.. on
ne nous chassera pas maintenant.

ERNEST. Nous chasser! que dites-vous
donc là, mon père?

LEMIRE, *vivement et cachant la lettre.* Non,
non, rien.... voyons parle, parle vite...
tes recherches n'ont donc pas été vaines...
et le misérable... mais son nom, son nom?

ERNEST. Je le saurai dans une heure,
et demain, la ville entière l'apprendra.

LEMIRE. Oh! bien, après la justice des
hommes, la justice de Dieu!.. Devarennes,
tu l'entends, demain!.. oh! que de temps
encore d'ici à demain!

DEVARENNES. Ernest, que ne donnerais-
je pas pour que le succès couronne vos efforts...

ERNEST. Monsieur! mais Arthur... où
donc est-il!... c'est à lui surtout que j'aurais voulu annoncer...

DEVARENNES. Toujours renfermé... toujours souffrant; c'est pour lui que j'avais
résolu de partir... il a refusé les soins éclai-
rés du docteur Lemaître; il a déclaré positivement qu'il ne le verrait même pas...
Oh! Lemire, tu n'es pas seul malheureux!

MARIE. Ernest, il vous recevrait, vous,

[**] Lemire, Ernest, Devarennes, Marie.

son ami··· vous êtes médecin et déjà cé-
lèbre... il n'oserait pas refuser les secours
que vous viendriez lui offrir.

DEVARENNES. Sans doute, mais...

ERNEST. Comptez sur moi, monsieur.

MARIE. Vous consentez... ah! merci,
Ernest... merci.

DEVARENNES. Je vais vous l'envoyer et
faire en sorte que vous restiez seuls... attendez.

ERNEST. Oui, je l'attendrai... mais....
(*Regardant la pendule.*) Mais qu'il se
hâte...

DEVARENNES *sonne un domestique.*
Etienne, priez M. Arthur de descendre
ici... Viens, Marie... toi, général...

LEMIRE. Je retourne à mon hôtel... j'ai
reçu du ministre de la guerre l'ordre de
passer demain, en l'absence du général
commandant de la division militaire, une
revue des troupes de la garnison... Ernest, puis-je commander cette revue demain? pourrai-je paraître devant mes an-
ciens camarades?

ERNEST. Oui mon père, et demain j'irai
avec vous sur la place d'armes.

LEMIRE. C'est bien.

DEVARENNES, *à part.* A demain donc...
mon ami.

MARIE, *en souriant.* A demain.

LEMIRE. A demain.

Ils sortent.

SCENE X.
ERNEST, *puis* ARTHUR.

ERNEST. Arthur tarde bien... huit heures et demie déjà... oh! si Dupont allait
manquer de courage.. mais, s'il hésite, je le
traînerai jusqu'à la porte Saint-Laurent.
Ici Arthur paraît.

ARTHUR. Qui donc me demande?.. Ernest!

ERNEST, *allant à lui.* Oui, c'est moi...
mon ami, moi qui voulais... (*A part.*)
Comme il est pâle et affaibli!

ARTHUR. J'allais sortir lorsque Etienne
est venu me...

ERNEST, *qui ne le quitte plus des yeux.*
Sortir... toi... à cette heure!... et par ce
froid humide...écoute, Arthur... ton père
m'a dit que tu avais besoin de mes conseils,
du secours de mon art.

ARTHUR, *vivement.* Oh! sa tendresse pour
moi est trop inquiète... et je...

ERNEST, *l'interrompant.* Ce n'est pas à tort
que ton père s'alarme... tu ne penses pas
me tromper moi...

ARTHUR. Je t'assure, Ernest, que...

ERNEST, *lui prenant la main.* Que tu
n'éprouves pas en ce moment même de
cruelles douleurs, que la fièvre ne te dé-
vore pas !.

ARTHUR, *embarrassé.* Ernest....

ERNEST. Arthur... tu souffres... et tu
souffres là... peut-être?
Il veut porter la main à sa poitrine. Arthur lui arrête
violemment le bras.

ARTHUR. Eh bien!.. je l'avoue, les émotions qui nous ont assaillis depuis un mois
ont pu aggraver quelques funestes affec-
tions; mais maintenant...

ERNEST. Maintenant, tu as besoin de
prompts et d'habiles secours... n'est-ce
pas assez des tourmens que j'ai causés sans
que tu viennes augmenter encore les in-
quiétudes et les chagrins de nos deux familles... allons, aie confiance en moi... ne
suis-je plus ton ami? ne serai-je pas bientôt ton frère?.. car toi aussi, tu m'as toujours trouvé digne de porter ce titre.

ARTHUR. Oh! oui... toujours...

ERNEST. Dans peu, je l'espère, tu pour-
ras me le donner. Je ne t'ai pas revu depuis ce matin, tu n'as pas su peut-être à
quelles nouvelles épreuves on a mis mon
courage... il ne m'a pas suffi d'être absous... non.. il faut à présent, pour prou-
ver à tous mon innocence, que je désigne
à tous le vrai coupable.

ARTHUR. Que dis-tu?

ERNEST. Et je me suis mis à sa recherche...

ARTHUR. Toi!

ERNEST. Oh! je le découvrirai... et tout
me fait espérer qu'aujourd'hui même...

ARTHUR. Aujourd'hui...

ERNEST. Mais laisse-moi ne m'occuper
que de toi.

ARTHUR. Tu me disais tout-à-l'heure
que tu étais presque certain de... sur quoi
fondes-tu ton espoir? Oh! dis-le-moi.....
On entend sonner neuf heures.

ENSEMBLE. Neuf heures!

Tous deux vont précipitamment prendre leurs chapeaux, puis tous deux se retrouvent à la porte près
de sortir.

ARTHUR. Où vas-tu donc?

ERNEST. Et toi?

ARTHUR. Il faut que je sorte.

ERNEST. Il faut que tu sortes... si tard?...
Arthur! où vas-tu?

ARTHUR. Que t'importe?.. je te répète,
qu'à tout prix il faut que...

ERNEST. Oh! mon Dieu! veux-tu donc
sortir aussi parce que neuf heures viennent de sonner?

ARTHUR, *reculant et s'appuyant contre un
meuble.* Neuf heures!

* Ernest, Arthur.

ERNEST, *le suivant.* **Vas-tu donc aussi** à la porte Saint-Laurent?

ARTHUR, *reculant.* A la porte Saint-Laurent!

Il est près de tomber.

ERNEST. Tu chancelles...

ARTHUR. Je suis perdu... ah! de l'air!... de l'air!...

ERNEST. Il s'évanouit... oh! mais cet habit l'étouffe.

Il le lui ouvre de force.

ARTHUR, *tombant sur un fauteuil.* Ah!...

ERNEST. Que vois-je?.. une blessure!... une blessure!... et tu veux sortir à neuf heures..... et l'assassin de *J. Lebrun* a été blessé.... et il a donné rendez-vous à neuf heures à la porte Saint-Laurent!... malheureux!...

ARTHUR. L'homme que tu poursuivais, c'est moi... celui au front duquel tu dois attacher l'infamie, c'est moi... celui dont le sang doit laver ta honte, c'est moi...

ERNEST. Oh! Marie!... Marie!... on vient...

ARTHUR. Oh! si c'est mon père, tue-moi avant de parler.

Il s'évanouit tout-à-fait.

ERNEST. Ah! Arthur!.. mon ami...

A la vue de Devarennes et de Marie, il referme vivement l'habit d'Arthur.

SCENE XI.

* LES MÊMES, DEVARENNES, MARIE*.

DEVARENNES. Qu'y a-t-il donc?

MARIE, *effrayée.* Ah! mon frère!

ERNEST, *se plaçant devant Arthur.* N'approchez pas!...

DEVARENNES. Mon fils!

ERNEST. Ne craignez rien pour lui... mes soins le rappelleront bientôt à la vie... de toute cette nuit je ne le quitterai pas.

DEVARENNES. Vous savez donc?...

ERNEST. Je sais que l'air qu'il respire ici est mortel, et que dès demain il faudra qu'il parte.

MARIE. Ernest, vous nous avez promis...

ERNEST. De sauver Arthur. Marie, je tiendrai mon serment... (*Fermant avec plus de soin l'habit.*) Je le sauverai! oh! oui, je le sauverai!

* Devarennes, Marie, Ernest, Arthur.

ACTE CINQUIÈME.

SCENE PREMIERE.

ARTHUR, ERNEST *.

ERNEST. Encore quelques jours, et mes soins devenaient impuissans. Que de force, que d'énergie il t'a fallu pour dérober aux regards de tous cette horrible blessure!....

ARTHUR. Maintenant que je t'ai tout dit, que tu connais le motif de mon crime, il ne me reste plus qu'à me dénoncer.

ERNEST. Te dénoncer?..

ARTHUR. Penses-tu que j'exigerai le sacrifice de ton honneur?..

ERNEST. Penses-tu que j'exigerai, moi, le sacrifice de ta vie?

ARTHUR. Garder le silence, c'est éterniser ta honte...

ERNEST. Parler, c'est dresser ton échafaud... s'ils m'avaient condamné, tu te serais livré toi-même, tu aurais pris ma place, je le sais; mais ils m'ont absous, je suis libre...

ARTHUR. Et ce doute qui s'attache à toi, le soupçon qui te poursuivra toujours, n'est-ce pas à moi de l'effacer?

ERNEST. Non... car ce doute injuste, je puis trouver la force de le braver dans ma conscience qui est pure... et d'ailleurs ce crime, n'est-ce pas aussi pour moi que tu l'as commis?.. d'un mot, tu pouvais tout

* Arthur, Ernest.

racheter; en échange de la main de Marie, Lebrun te rendait ces funestes papiers, et tu ne l'as pas voulu et tu m'as gardé ta sœur..... Tu le vois, Arthur, je puis bien porter une part du châtiment; car si Marie était devenue la femme d'un autre, si elle avait appartenu à Lebrun.... la colère, la jalousie, auraient égaré ma raison, et le crime dont tu t'accuses, c'est moi, moi peut-être qui l'aurais commis.

ARTHUR. Que dis-tu?

ERNEST. Ce portefeuille, resté entre les mains de Dupont, il faut l'anéantir aujourd'hui, à l'instant même.... alors, plus rien qui puisse dévoiler...

ARTHUR. Je te laisse ce soir, Ernest..... moi, j'entre là chez moi... je vais écrire...

ERNEST. A qui donc?.. Arthur, le repos te serait bien nécessaire, promets-moi...

ARTHUR. On vient, c'est ma sœur, je vous laisse. (*A part.*) Pauvre Ernest, je n'accepte pas ton généreux dévouement..

SCENE II.

ERNEST, *puis* MARIE.

ERNEST. Marie! que lui dire?...

MARIE. Je venais, monsieur Ernest, savoir des nouvelles de... mon frère.... et puis aussi m'informer du résultat de vos recherches... vous espériez aujourd'hui....

ERNEST. Je n'espère plus rien.

MARIE. Ah! mon Dieu! vous n'avez donc pu découvrir l'auteur du crime?

ERNEST. Et, l'eussé-je trouvé, avez-vous songé, Marie, qu'il faudrait le dénoncer?

MARIE. Mais ne disiez-vous pas?

ERNEST. Avez-vous songé qu'il faudrait le livrer, forcer les juges à le condamner?..

MARIE. Mon Dieu!

ERNEST. Oui, Marie, oui, pour arriver ensemble à l'autel, il faudrait fouler aux pieds un cadavre, il faudrait qu'il y eût du sang sur votre robe de fiancée... (*A part.*) Et quel sang, grand Dieu! (*Haut.*) Oh! mieux vaut garder le silence, n'est-ce pas?

SCENE III.
LES MÊMES, Mme GENUT, DUPONT.

ERNEST. Quelqu'un... Songez que je ne sais rien, que je n'ai rien découvert...

Mme GENUT. Monsieur Ernest, le général vous demandait à l'instant.

ERNEST. Mon père!

Mme GENUT. Il est en bas, en grand uniforme, prêt à partir pour la revue...

ERNEST. La revue, la revue.... ah! je l'avais oubliée...

MARIE, *à part.* Le général, a-t-elle dit... courons, il obtiendra peut-être cet aveu qu'il refuse de me faire à moi.

Elle sort.

ERNEST. Mon père! que lui dire?

DUPONT. Monsieur, j'aurais quelque chose à vous communiquer... Ma sœur, j'ai...

Mme GENUT. Eh bien! je vous écoute...

DUPONT. Vous m'écoutez! vous m'écoutez!

ERNEST. Hâtez-vous...

DUPONT. C'est qu'elle me gêne beaucoup. (*A sa sœur.*) Pardon..... (*Il prend Ernest à part.*) Je suis allé au rendez-vous, je m'y suis trouvé tout seul... ça m'a fort inquiété....

Mme GENUT. Que peuvent-ils avoir à se dire?

DUPONT, *à Ernest.* J'étais à la porte Saint-Laurent à neuf heures précises... j'ai attendu long-temps... et quand j'ai vu que l'autre ne venait pas, ni vous non plus, je me suis en allé à neuf heures cinq minutes...

Mme GENUT. C'est tout au plus poli de me laisser là pour...

DUPONT. J'étais monté pour vous consulter sur ce que je dois faire d'un objet... très-embarrassant...

* Mme Genut, Dupont, Ernest, Marie.

ERNEST, *à part.* Le portefeuille.... il faut...

Mme GENUT. Je vous annonce M. le général.

ERNEST. Mon père... laissez-nous, Dupont, emmenez votre sœur... rentrez chez vous, et ne parlez à personne avant de m'avoir revu.

DUPONT. Je vais m'enfermer dans ma chambre... venez, venez, madame Genut.

Ils sortent.

SCENE IV.
ERNEST, LEMIRE *en uniforme.*

LEMIRE. Je connais et j'approuve le motif qui t'a retenu cette nuit auprès d'Arthur; mais ton amitié n'a pu te faire oublier le devoir que tu avais à accomplir. Le temps que tu as demandé est écoulé.... demain, as-tu dit... demain, mon père, vous pourrez marcher la tête haute... serrer de nouveau la main de vos vieux compagnons d'armes... et moi, fort de ta promesse, fort de ton innocence, en laquelle j'avais foi, j'ai patiemment attendu, je suis prêt à partir... mais, avant, il me faut le nom de l'infâme!

ERNEST. Son nom!

LEMIRE. Oui, son nom; car il doit me précéder là-bas, car il doit être connu de tous quand je me montrerai couvert de cet uniforme... (Allons, encore une fois, son nom!)

ERNEST. Mais si le sort avait trahi mon espérance... si je ne l'avais pas découvert?

LEMIRE, *avec force.* Ah! elle ne m'avait donc pas trompé, la pauvre jeune fille qui est venue à moi toute en larmes...

ERNEST. Marie!...

LEMIRE. Oh! mais tu ne m'abuseras pas, moi... tu connais l'assassin, et tu vas me le nommer...

ERNEST. L'accuser! livrer sa tête! oh! non, non, c'est impossible!...

LEMIRE. Impossible?... l'ai-je bien entendu?.. poursuivre le crime, livrer le coupable à la loi, c'est impossible!... Mais laisser peser la honte sur mon front, ternir en un jour soixante ans d'honneur et de gloire... mais torturer le cœur d'un père, le condamner à un opprobre éternel... à la mort .. voilà donc ce qui ne vous est pas impossible, monsieur?...

ERNEST. Par pitié, par grâce, mon père, ne me demandez pas ce que je ne puis, ce que je ne dois pas vous dire...

LEMIRE. Assez!... (*Long silence.*) Malheureux! hier vous m'avez donc trompé! Oh! mais je ne tromperai personne, moi... je ne cacherai pas sous une fausse sécurité le désespoir que tu me causes ; je ne cacherai pas sous ce glorieux uniforme la honte que tu me laisses ; je n'attendrai pas qu'un ordre du roi me fasse quitter les rangs de l'armée... Dès ce moment je ne suis plus digne d'y aller prendre ma place, de ce moment je renonce à mon grade, à mon titre... à mon nom...

Il arrache ses épaulettes.

ERNEST. Mon père! que faites-vous!....

Arthur paraît.

ARTHUR. Général!

○○○

SCÈNE V.
Les Mêmes, ARTHUR *.

ERNEST. Arthur!...

ARTHUR. Général, j'ai tout entendu : comme vous, je condamne le silence de votre fils...

ERNEST. Toi?...

ARTHUR. Comme vous, je pense qu'à l'honneur, à la vie de son père, il doit immoler sans regret la vie et l'honneur d'un coupable... et ce qu'il a refusé de faire... je le ferai, moi.

LEMIRE. Vous?...

ERNEST. Que veux-tu dire?...

ARTHUR. Mais cet homme, dont bientôt vous ferez prononcer la sentence... il a un père aussi... un père que vous connaissez, que vous aimez... eh bien! que ce ne soit pas par la rumeur publique qu'il apprenne son malheur ; allez vers lui, général... mêlez vos larmes aux siennes..... et dites que le coupable est venu à vous...

Il s'approche du général.

LEMIRE. Oh! mon Dieu!

ARTHUR. Dites-lui que ces insignes que vous arrachiez de votre glorieux uniforme, (il les ramasse) c'est lui, lui qui les y a replacés...

LEMIRE. Malheureux!.. ah! c'était vous! c'était lui!... Devarennes!... mon pauvre ami!... Oh! l'infamie le tuera! je le sais, moi...

ERNEST. Qu'as-tu fait, mon ami?...

ARTHUR. Mon devoir. (Arthur sonne, un domestique paraît.) Voyez si M. Dupont est chez lui, et priez-le de monter.

LEMIRE. Pourquoi faire appeler cet homme?

ARTHUR. Parce que le hasard l'a rendu dépositaire d'un secret...

ERNEST, vivement. Qui ne doit être connu de personne... M. Dupont.

○○○○○○○○○○○○○ ○○○○○○○○○○○○○○○○○○○○○○

SCÈNE VI.
Les Mêmes, DUPONT **.

DUPONT. Que me veut-on?

* Arthur, Lemire, Ernest.
** Arthur, Lemire, Dupont, Ernest.

ARTHUR. Approchez, monsieur, et veuillez me remettre le portefeuille qu'hier j'ai vu entre vos mains, et que vous m'avez dit avoir appartenu à J. Lebrun.

DUPONT. Mais ce portefeuille... je ne puis... (A part.) Si l'autre vient me le redemander!...

ERNEST. Préférez-vous attendre que, sur notre déclaration, le procureur du roi vous contraigne?...

DUPONT. Non, non... c'est inutile... le voilà... Je vous assure qu'il m'embarrassait beaucoup.

ERNEST, prenant le portefeuille, bas à Arthur. Je garde ce portefeuille, Arthur, pour faire disparaître...

ARTHUR. Maintenant, monsieur Dupont, vous pouvez, sans inconvénient, quitter la ville. C'était, je crois, votre désir.

DUPONT. Le plus vif... Ce portefeuille une fois remis en d'autres mains, rien ne me retient plus... je pars. (A part.) Et ma sœur!... elle est à la revue... je ne l'attendrai pas. (Haut.) Messieurs, jusqu'au plaisir de vous revoir. (A part.) Je me souviendrai d'Amiens, et je n'y reviendrai certainement plus.

Il salue et sort.

○○○

SCÈNE VII.
LEMIRE, ARTHUR, ERNEST *.

ERNEST. à Arthur. Tu n'as pas à craindre cet homme... il ne savait rien.

ARTHUR. Vous allez descendre chez mon père... moi, je ne dois le voir maintenant que lorsqu'il saura tout... Général, il n'est point préparé au coup affreux que vous allez lui porter... Général, c'est votre ami, votre frère... oh! prenez garde, mon Dieu! prenez garde.

Il sort avec Ernest.

○○○

SCÈNE VIII.
LEMIRE, puis DEVARENNES **.

LEMIRE. Pauvre Devarennes!.. J'ai consenti à lui tout apprendre... c'est que seul je peux lui apporter en même temps le moyen de tout réparer. Je ne veux pas que l'honneur de mon vieil ami rachète le mien, non!.. Mais le mariage d'Ernest avec Marie serait pour toute la ville une garantie de l'innocence de mon fils...... la main de Marie pour Ernest, voilà la seule réparation que j'exigerai de Devarennes..... Le voilà..... Mon Dieu, inspirez-moi..... dictez-moi des paroles qui l'éclairent sans le désespérer!

DEVARENNES. Lemire, je viens de voir

*. Ernest, Arthur, Lemire.
** Devarennes, Lemire.

ma fille; sa douleur ne m'a que trop fait deviner quelle pouvait être la tienne…Ernest renonce donc à la tâche qu'il s'était imposée? il ne cherchera donc plus le vrai coupable?

LEMIRE. Ernest est bien malheureux!

DEVARENNES. Oh! c'est toi, toi surtout, qui es à plaindre…Mais quel motif, quelle considération, peuvent donc arrêter ton fils?

LEMIRE. De la pitié.

DEVARENNES. De la pitié pour un assassin!… mais le misérable, quel qu'il soit, a-t-il eu pitié de lui? ne l'a-t-il pas laissé traîner sur le banc des accusés? ne l'aurait-il pas laissé monter sur un échafaud?… De la pitié pour un pareil homme… oh! c'est impossible!… (Moment de silence.) Lemire, ne dis à personne que la commisération retient Ernest… car à d'autres viendrait peut-être la pensée qui m'est venue, à moi… et que je repousse encore.

LEMIRE. Cette pensée, quelle est-elle?

DEVARENNES. Lemire, d'autres que moi pourraient croire et diraient qu'Ernest a promis ce qu'il savait ne pouvoir tenir, et qu'il cache aujourd'hui son impuissance sous un faux semblant de folle générosité.

LEMIRE. Qu'entends-je?.. tu crois donc Ernest coupable?

DEVARENNES. S'il était innocent, s'il connaissait le meurtrier, rien au monde ne pourrait lui fermer la bouche….. (avec force) il le nommerait.

LEMIRE. Il me l'a nommé.

DEVARENNES. A toi?.. et toi, son père… tu gardes le silence, tu ne m'as pas dit encore le nom de l'assassin, tu ne l'as pas crié déjà dans toute la ville? qui te retient donc aussi?

LEMIRE. La pitié.

DEVARENNES, le regardant. Je ne te comprends plus.

LEMIRE. Si le coupable n'avait été qu'égaré, faudrait-il livrer sa tête au bourreau?

DEVARENNES. Eh! dois-tu lui sacrifier l'avenir de ton fils?

LEMIRE. Et si cet infortuné était l'espoir, l'amour de sa famille, s'il avait un père qui eût mis en lui toutes ses espérances, toutes ses joies…

DAVARENNES. Un père?…

LEMIRE. Faudrait-il donc aller lui dire… Pour racheter l'honneur de mon fils, vous me devez le sang du vôtre, donnez-le moi.

DEVARENNES. Lemire… Je ne crois pas être un méchant homme, tu sais, toi, si jamais j'ai volontairement fait répandre une larme…. pourtant… cet affreux courage que tu n'as pas, je l'aurais…

LEMIRE. Toi!

DEVARENNES. L'amour paternel me donnerait assez de force peut-être… j'irais, oui, j'irais trouver ce père dont tu parles, et, si c'était un noble et bon vieillard comme toi, je tomberais à deux genoux devant lui et je lui dirais : Pardonnez-moi le mal que je viens vous faire… mais je dois avant tout compte à Dieu de l'honneur de mon enfant… (Pendant ces derniers mots, Lemire s'est agenouillé en silence et pleure. Devarennes l'aperçoit.) Que fais-tu donc?

LEMIRE. Je viens te demander à deux genoux pardon du mal que je vais te faire… mais je dois compte à Dieu de l'honneur de mon enfant.

Ici la porte du cabinet s'ouvre et Arthur soutenu par Ernest paraît *.

DEVARENNES. Qu'entends-je !…. Oh! c'est un horrible rêve… Ce n'est pas toi, Lemire, que je vois à mes pieds… mais le meurtrier… c'est donc?…

ARTHUR, tombant à genoux de l'autre côté. C'est moi, mon père!

DEVARENNES. Toi!.. (Moment de silence.) Malheureux!.. je comprends tout maintenant… le silence de Lemire… le noble dévouement d'Ernest… En ne révélant qu'à moi d'abord cet affreux secret, ils ont voulu me laisser le temps de mourir avant d'être déshonoré.

ARTHUR. Mon père!

LEMIRE. Mon ami!

ERNEST. Monsieur!

DEVARENNES. Lemire, le malheur ne me fait pas transiger avec mon devoir… il faut qu'Ernest soit justifié… il le faut.

LEMIRE. Oh! tu ne m'as pas compris… Devarennes, pour justifier Ernest, je ne veux pas qu'Arthur…

DEVARENNES, regardant Arthur qui est resté à genoux. Arthur… laissez-moi… mes amis… laissez-moi avec lui… Dieu seul peut à présent se placer entre nous. (Pleurant.) Allez… allez…

Il tombe sur un fauteuil.

LEMIRE, bas. Viens, Ernest, mais ne nous éloignons pas.

●●●●●●●●●●●●●●●●●●●●●●●● ●●● ●●● ●●●●●●● ●●●●●● ●●●

SCENE IX.
DEVARENNES, ARTHUR**.

ARTHUR. Mon père… si je respire encore… si j'ai osé me traîner jusqu'à vos genoux… c'est que, coupable devant les hommes, je puis ne pas l'être devant vous…

<hr>

* Arthur, Ernest, Devarennes, Lemire.

** Arthur, Devarennes.

DEVARENNES, *avec des sanglots.* Assas-sin, lui, mon Dieu!... assassin!...

ARTHUR. Il l'a fallu, mon père... je me suis mis aux pieds de cet homme comme je suis en ce moment aux vôtres... je lui ai crié grâce, il est resté sans pitié; je lui ai jeté le défi... je l'ai trouvé sans courage... et moi, dans mon désespoir, dans mon délire..... (*Mouvement de Devarennes.*) Il voulait vous déshonorer, mon père.

DEVARENNES. Mais, Ernest... Ernest...

ARTHUR. Ah! si j'ai gardé le silence... c'est que j'avais pensé que l'innocence d'Ernest éclaterait évidente et pure à tous les yeux... le ciel n'a pas permis qu'il en fût ainsi... et comme je serais mort pour sauver la vie d'Ernest, je vais mourir pour lui rendre l'honneur. Mais, avant l'expiation, si j'ai voulu vous revoir, vous apporter cet écrit tracé par moi tout-à-l'heure, et qui devait ne vous être remis qu'après ma mort, c'est qu'un dernier espoir m'est venu... Quand vous saurez tout, si vous devez me dire: Arthur, tu ne peux plus vivre... vous ajouterez peut-être: Je te pardonne, car tu as été plus malheureux que coupable.

DEVARENNES, *après un moment de silence.* Donnez.

ARTHUR, *à part et se relevant.* A présent, ne songeons plus qu'à Ernest.

Il va jusqu'à la table et écrit.

DEVARENNES, *qui lit avidement et ne prononce que des mots entrecoupés.* « C'est à » Vienne que j'ai connu... Lebrun. »

ARTHUR. Pauvre Ernest, il a bien assez souffert.

DEVARENNES, *lisant.* « Il fut mon com-» plice pour une faute dont vous n'exige-» rez pas l'aveu, mon père, car elle a été » réparée. »

ARTHUR. Réparée... réparée tout entière.

DEVARENNES. « Et pour prix de sa » discrétion, Lebrun, qui seul m'avait en-» traîné, perdu, Lebrun osait réclamer... » Oh! l'infâme!

ARTHUR. Oh! oui, bien infâme. (*Il se lève.*) Après le crime, le châtiment, c'est justice. Ces quelques lignes sont pour le procureur du roi; je me déclare seul auteur du meurtre de Lebrun; on en aura pour preuve cette blessure que j'ai cachée à tous les yeux; blessure mortelle, peut-être, mais qui ne tue pas assez vite. Vous enverrez cette déclaration dans une heure, une heure seulement.

DEVARENNES. Oui.

ARTHUR. Mon père, au pied de l'écha-faud le prêtre soutient le condamné, l'appelle son fils et l'embrasse; mon père, je suis condamné aussi, moi... (*Devarennes, dont les sanglots étouffent la voix, ne peut qu'ouvrir ses bras à Arthur, qui s'y précipite.*) Ah! je puis mourir à présent.

SCENE X.
LES MÊMES, LEMIRE, ERNEST.

LEMIRE, *avec joie, une lettre à la main.* Mes amis! mes amis!..... Devarennes! Arthur! ne désespérez pas de la Providence; elle a jeté sur nous un regard de pitié; elle n'a pas voulu que l'une ou l'autre de nos deux familles soit ainsi vouée à la honte, à l'opprobre.

DEVARENNES *et* ARTHUR. Comment?

LEMIRE. Tout-à-l'heure, et dans un portefeuille appartenant à J. Lebrun, et ramassé par Dupont, Ernest a trouvé ce billet écrit par Lebrun et adressé à mon fils... ce billet, qui absout Ernest et qui ne compromet personne, ce billet, que Dieu dans sa clémence semble avoir lui-même inspiré... écoutez! écoutez!... « A » M. Ernest Lemire. Monsieur, si vous » m'aviez appris votre nom en même temps » que notre rivalité, ce duel où je vous ai » blessé n'aurait pas eu lieu sitôt. Je me » serais d'abord acquitté envers vous d'une » dette sacrée... et comme dans une heure, » dans quelques minutes peut-être, je vais » me trouver en présence d'un adversaire » plus dangereux que vous, je vous adresse » la reconnaissance de cinquante mille » francs ci-jointe, pour la faire valoir » dans le cas où je succomberais dans la » seconde lutte que je vais engager..... » Signé, J. LEBRUN. »

DEVARENNES, *avec joie et courant à lui.* Ah! Lemire a raison, tu peux vivre, Arthur, car devant Dieu, comme devant ton père, tu as été plus malheureux que coupable.

ARTHUR. Le portefeuille...

LEMIRE. Le voilà.

ARTHUR. Mais il renferme aussi...

ERNEST, *bas.* Plus rien.

Il jette au feu des billets.

ARTHUR. Ah!

Il les regarde brûler avec joie.

LEMIRE. Cette lettre sera remise dans ce portefeuille, et ce portefeuille déposé entre les mains de la justice par celui-là même qui l'a trouvé. (*Appelant au fond.*) Dupont, qu'on me cherche Dupont. Cette lettre, devenue publique, justifie Ernest sans accuser Arthur. Désormais ton fils n'a plus rien à craindre de la justice. Le mien n'a plus rien à redouter de l'opinion.

DEVARENNES. Nos enfans sont donc sauvés!

LEMIRE. Sauvés, et sauvés tous le deux.

ARTHUR, *bas à Ernest*. Tu n'as plus d'espoir, je le vois, ne le leur dis pas encore, ne trouble pas leur joie.

ERNEST, *à part*. J'avais promis de le sauver, Dieu seul le peut maintenant.

SCÈNE XI.

Mme GENUT, LEMIRE, DUPONT, DEVARENNES, MARIE, ARTHUR, ERNEST.

MARIE. Mon père, tu demandes M. Dupont?

Mme GENUT. C'est moi qui vous le ramène.

LEMIRE, *allant à Dupont*. Monsieur Dupont, prenez ce portefeuille.

DUPONT. Pourquoi faire?

LEMIRE. Vous allez me suivre.

DUPONT. Où donc?

LEMIRE. Chez le procureur du roi.

DUPONT, *avec terreur*. Encore le procureur du roi!...

Excepté Lemire et Dupont, qui s'apprêtent à sortir, tous les autres personnages sont groupés autour d'Arthur; celui-ci s'efforce de sourire, et serre la main d'Ernest, qui le regarde avec terreur et pitié.

FIN.

Imprimerie de Vᵉ DONDEY-DUPRE, rue Saint-Louis, n° 46, au Marais.

CPSIA information can be obtained
at www.ICGtesting.com
Printed in the USA
BVHW041358061218
534939BV00011B/105/P